# 一整天沒跟人說話也OK

**當「孤獨」快要變成「孤毒」的時候，**
**就來學貓咪自得其樂，給自己送溫暖吧！**

鹿目將至——著　鳥居凜子——採訪整理
楊詠婷——譯

## 專業推薦

有貓就推，這本書充滿可愛魅力，疫情期間，應該有很多人被各種未知的變動壓得喘不過氣來，突然好想被隔離、希望好好休息，當隻沒有煩惱的家貓吧！很多書都告訴我們要懂得和自己相處，但其實人是很需要與人連結的，我們要在這兩端之間找到自己舒服的位置，就如同喜歡霸占你鍵盤的傲嬌貓咪。想自己一個人的時候可以獨處，想找人聊聊的時候有地方去，重點是自在感，一種肩膀鬆鬆的感覺～～

——諮商心理師 **王雅涵**

從職場女性、新婚女性，進而成為全職母親的我，面對密集的人生任務接踵而來，有時就算難得空閒，都未曾察覺自己已經疲憊不堪，更沒想到要怎麼愛自己！這本書滿載了舒緩身心的絕佳秘方，除了幫助我們在獨處時好好關照、撫慰自己，平常也很適合擷取應用，從神清氣爽的生活中擁抱豐實的滿足感！

——諮商心理師 **黃之盈**

被疫情打亂的生活，讓你不得不居家上班上課、減少社交聚會？獨處時間拉長、活動空間限縮，難免讓人感覺孤單空虛，甚至是焦慮不安，而這時你需要的不只是溫柔地被同理，更需要具體的策略來「好好照顧自己」。書中的39個樂活提案，涵蓋各種身心面向，都很容易上手，推薦你立刻放進自己的獨處時程表，絕對能大大提升生活品質。

——精神科職能治療師 **尼克小姐**

## STEP 1

度過不安的漫漫長夜

# 首先，讓心情平靜下來

沒辦法，今晚就來徹底陪伴糟糕的自己吧！

樂享白日的獨處時光

STEP 2

# 一個人的時間也是養分

## 就算一整天沒跟人說話，還是開心自在

STEP 3

撫慰過度耗損的身心

# 好好照顧疲憊的自己

對自己溫柔一點、寬待一點

STEP 4

告別沮喪、負面的自己

# 換個視角，更新思考

## 抓住值得期待的未來

STEP 5

像貓咪一樣「自得其樂」地生活

# 雖然一個人，卻不孤獨

小小的成就，大大的滿足

前言

# 這本書，是獻給你的溫暖解方

鹿目將至

我的工作是精神科醫師，主要是幫助患者維護心靈的健康。醫院裡總是可以看到男女老少、各種各樣的病患，但是最近，卻突然增加了很多過去基本上不會在精神科出現的人前來就診。

這其中的原由，就在於二〇二〇年，整個世界都陷入了新冠肺炎造成的混亂之中。

這個未知的病毒引發了人們強烈的不安，對心靈造成不適影響也是很正常的。然而我在意的，是年輕世代患者的增加。特別是社會開始呼籲「疫情期間盡量留在家裡，非必要避免外出」後，顯然有越來越多一個人生活、原本身心健康的年輕人到精神科就診。

之所以如此，是因為他們被迫違反自己的意願，突然間就只能居家隔離或遠距工作，使身心承受了極大壓力。

活動空間只剩自己的住處，移動也受到限制，處在這樣的情境下，很難不感到身心俱疲。想見的人不能見，想去的地方不能去，想做的事不能做，失去自由的現實，真的很讓人痛苦、煎熬……

除此之外，一個人生活又會增加內心的耗損與焦慮，很多人因而出現身心失調的問題。也是直到這時候，他們才知道一整天沒跟人說話、交流的生活，要比自己想像中更感孤獨。

遺憾的是，今後我們都必須一直與新冠病毒共存，從防疫或防災的角度來看，往後也會有更多企業順勢推行、納入居家上班的工作模式。畢竟，除了流行疾病，近年來頻繁發生的強烈颱風、熱浪、地震等天然災害，也會使被迫居家的狀態變得司空見慣。

但是，獨自一個人待在家裡，有時心情會越來越萎靡，孤獨感也會變本加厲地蔓延，讓人深陷黑暗的情緒低谷。

「公司還能撐幾年呢？我現在還有多少存款？我會不會就這樣孤獨終老了……!?」

我懂。因為正在說這些話的我，就處於深切的孤獨之中。

當新聞開始報導疫情擴散，家裡附近的超市、商店陸續關閉，我和妻子經過了一番掙扎，還是決定讓她帶著家裡的寶寶暫時回鄉下老家避難。從此以後，我便一個人生活了好幾個月，回到家沒有半個人可以說話。

結束一整天的診療工作，拖著疲憊的身軀回到黑漆漆的屋子，週末假期也是不發一語，盡在沉默中度過。每天既無聊又空虛，夜晚寂寞得讓人想大叫，白日又怠懶得完全不想動——我就過著這樣的生活。

但是，好歹我也是個專業的精神科醫師，知道這樣絕對不行，所以我開始試著尋找方法，以便和這種莫名的情緒共處。

一個人生活，自然會碰上一整天都沒人可以聊天、說話的時候，居家上班也會讓人偶爾有些小憂鬱。即便如此，我還是想盡可能過得開心，一定有什麼方法，可以讓我們在這種景況下，仍不至於陷入絕望。

想到這裡，貓咪不就是這樣嗎？就算一整天都沒跟人說話，也同樣開心自在！歷經了無數的嘗試和犯錯，我整理出自己實際做過「真的有效！」的方法，於是這本書就誕生了。

朋友們，如果你正感到惶恐、不安，想著「一個人好孤單」、「生活好辛苦」、「不知道自己該怎麼辦」，這本書，是獻給你的溫暖解方。當「孤獨」快要變成「孤毒」的時候，請務必把它拿起來，輕鬆地服用吧！

STEP
1

# 首先，讓心情平靜下來

## 沒辦法，今晚就來徹底陪伴糟糕的自己吧！

度過不安的漫漫長夜

夜晚真的很難熬……
很容易覺得自己落單無依，
那種感受有時甚至超越了「孤獨」，都要變成「孤毒」了。
當你有預感快要被不安壓垮，
姑且就趁這短暫的片刻，先縱容自己一下吧！

# 1 在床上躺成一個「大」字

## ——讓身體的放鬆，帶動思緒也一起清空

「終於到晚上了，來放鬆吧！」

我這麼跟自己說，然後在床上躺成了一個「大」字。

一口氣把散亂放置的雜誌和寶特瓶推到旁邊，在床上清出屬於自己的空間，然後豪邁地躺成一個「大」字。

這樣就好，不用在意小細節，只要床上乾淨就沒問題。

好了，那大字要怎麼躺？

很簡單，跟著我這樣做——

首先，躺在床上，雙手輕輕張開，手心朝上。

然後雙腳也輕輕打開，閉上眼睛。就是這樣。

呃，說的好像都是廢話……

可能有人已經發現了，這其實就是瑜珈課最後的收尾動作「攤屍式」，也叫做「大休息」，可以讓人腦袋完全空白、身心徹底放鬆。

瑜珈老師會用「清空你的思緒～～」這種有點難懂的說法來表示，這時候就別管那麼多了。

簡單來說，就是放鬆到「全身無力」的程度。

徹底放鬆之後，很快就會產生「好舒服啊！」的感覺。

做法則是：**先將思緒集中到雙腳，然後放鬆。**

**接著再從腰部→胸部→肩膀→喉嚨→緊咬的牙關→嘴角→眼睛→眉間的皺紋，逐一放掉力氣。**

可以先全身繃緊，再整個放鬆，會更快抓到感覺。那種彷彿全身都軟成一灘泥，靈魂快要融化了的感覺……

以精神科醫師的立場來說，這確實有助於「完全放鬆」，而且比起身體的勞累，它似乎更能清除心靈的疲憊。

仰躺的姿勢不會壓迫身體，能保持血流通暢，同時大面積地支撐體重，手腳也有伸展的空間，加強身體的散熱。光是這樣，就能促進全身的血液循環，讓肌肉、內臟、神經進入休息狀態。

這個動作對消除眼睛疲勞也十分有效。現代人每天盯著手機、電腦，經常用眼過度，這時正好順便照顧一下，算是一舉兩得。

只不過，這種「大」字放鬆法有一個問題。

那就是一不小心就會睡著！

豪邁地躺個「大」字，放鬆到全身無力的程度吧！
仰躺能加強身體的散熱、促進血液循環，
不小心睡著了，那就好好休息囉！

原本只想躺在床上小瞇一下，結果意識漸漸模糊起來，便發現「啊……不小心又睡著了」，只有這一點得多加留意。

不過，反正家裡也只有自己，不需要顧慮其他人，睡著就睡著了吧！

情緒和身體的放鬆，要比我們想像中重要得多。當我們不知不覺會開始「唉……」「啊……」「吼……」地「唉聲嘆氣」，可能就是身心感到疲憊的徵兆。

這時候，沒有什麼比躺成一個「大」字更讓人放鬆了，推薦給大家。

2

# 一起努力發個呆
## ——關閉多工模式，大腦才不會突然當機

這個世間，真的很繁忙啊。

好像只要漫不經心發個呆，連五歲的小女孩都會斥責你「不要在那裡無所事事、打混摸魚」。工作和家務必須完美兼顧，人際關係要面面俱到，即使居家上班，也不能疏於打扮，隨時都得閃閃動人……

「精準高效」似乎成了現今的主流價值，無法達成就矮人一截。很多來找我看診的患者總是一臉疲憊，只覺得「活著好累啊……」。

這些標竿不禁讓我們產生了錯覺，彷彿能一心多用（multitasking）的人才

更優秀，做不到就代表能力不足。

不過，誰在生活中不是一心多用的高手呢？像我，就可以輕鬆地一邊吃飯、一邊看電視，還能同時確認手機上的訊息。

當然，無論從醫學或是禮儀的角度，這些行為都不值得稱讚，所有人都知道「睡前盡量不要滑手機」這個常識。

忙碌緊湊的日常生活，有著堆積如山的待辦事項，感覺每件事都還沒做完，一整天就過去了，今日我也同樣睡眠不足。

今天有個患者在診間跟我吐露心聲：「我覺得好像一直在掏空自己、耗損自己。」我很能理解他的感受。

這是大腦即將「當機」的徵兆。

人類的大腦本來就不適合多工運作。

比方說，我們無法同時思考「今天中午吃什麼？」和「糟糕！那個資料還沒準備好！」這兩件事。如果觀察大腦此刻的活動，會發現這兩項思考是被分開來前後處理的，因為大腦的構造原本就是如此。

**同時做好幾件事也是一樣勉強，只會讓大腦越感疲憊。說得專業一點，這種行為會增加大腦中的壓力荷爾蒙「皮質醇」（cortisol）**。

解決的方法只有一個——

「當大腦感覺疲憊的時候，就不要同時做好幾件事。」

也就是說，暫時關閉「一心多用」的功能，然後——

「努力……發個呆。」

發呆這件事，其實意外地困難。什麼都不想、腦中沒有一點「雜念」，只有大師或修行者才做得到。

不過，總是得試試。關閉思考的運作，努力發個呆。

試了之後就知道，各種雜念會不斷從腦子裡冒出來，畢竟我們是人嘛！

即使腦中雜念紛亂，於是開始放空，過一會兒或許又有其他的雜念浮現了。這時候，就再發呆一下讓思緒飄遠……

這樣的發呆其實是一種「心靈排毒」，有助於清除煩惱。

所以，每當有患者說自己「覺得心累，什麼都不想做」，我就會建議他們「發個呆吧」。

其實，這也是在提醒我自己「該找時間去發呆了」。

# 3 用「毛茸茸」療癒身心

## ——柔軟蓬鬆的觸感，可以召喚「幸福荷爾蒙」

孤獨。

我感受過。說實話，我現在也覺得孤獨。

雖然緊急事態宣言（編註：日本政府在疫情擴散期間所發布，以籲請、勸導國民與營業設施自我管束的防疫措施）已經解除了，我依然見不到妻子和女兒，一直獨自生活著。

至少已經三個月，我沒有可以面對面說話的人。

說得準確一點，我還是會去醫院上班，和其他人進行工作上的對話，卻沒有更深層的交流。畢竟只是職場的同事，很難坦露個人的煩惱。說實話，我連應該跟誰聊些什麼都摸不著頭緒。

每到夜晚，我都被不安折磨，進而開始失眠，甚至遭惡夢侵擾。明明我自己就是減輕他人不安的專家啊。

「之前那個患者，我沒能救他。」

「自己這樣下去真的可以嗎？」

我的腦子裡閃過諸如此類的紛亂念頭，漸漸失去了自信，經常莫名地感到自責、挫敗。

終於在某個夜晚，我的情緒就快要沉到谷底，便不顧一切把臉整個埋進了浴巾裡。

那是一條蓬鬆柔軟、摸起來毛茸茸的浴巾，我一直很喜歡。

我知道，自己那時正拚命地想從身體裡召喚出「催產素」。

催產素（oxytocin）是所謂的「幸福荷爾蒙」，它具有「神秘的力量」，只要在體內開始分泌，就會讓人產生幸福的感覺。

荷爾蒙是調節人體各種機能運作的化學物質，根據近年的研究，**催產素這種幸福荷爾蒙可以「緩解壓力」、「減輕不安與恐懼」、「提升意欲和記憶力」、「預防感染」以及「增加對他人的信任」，有著多樣化的優點**。

想要召喚體內的催產素，不一定非得用浴巾，任何能讓自己感到舒服自在的「毛茸茸」玩意兒都行。

可以是貓咪、狗狗等毛小孩，也可以是毛毯、絨毛娃娃或抱枕。然後，不管三七二十一，就直接給它抱緊處理吧！

熱愛毛茸茸的觸感、愛用口罩或高領衫把臉隱藏起來的人，多半都具有心思纖細、容易受傷的特質。基於自我的防衛本能，他們很喜歡接觸柔軟、蓬鬆的事物，而這對安定身心其實非常有益。

鬱悶不安覺得冷的時候，

就把自己埋進「毛茸茸」的魔法裡吧！

無論是毛巾、抱枕、狗狗貓貓或絨毛玩具，直接抱緊處理！

催產素原本是促進個人與家族、伴侶等他人建立情感聯繫和深層關係的荷爾蒙，所以能與人直接接觸是最理想的。問題是，別人不會在我們需要時都剛好出現……

因此，只要覺得有一點不安，最快速的緩解方式就是召喚「毛茸茸」這個魔法。

如何，要不要來「毛茸茸」一下呢？

# 4 深呼吸拯救一切

## ——排出二氧化碳、吸進新鮮氧氣，不安退散！

在我的診間裡，經常能見到為恐慌症所苦的患者。

不論男女老少，每個人都可能罹患恐慌症，而且通常沒有任何徵兆，某一天就突然發病了。

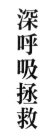

這種疾病的症狀是胸部疼痛、呼吸困難、覺得窒息、頭暈目眩、意識模糊，讓人產生瀕臨死亡的感受，非常可怕。

從現實面來看，恐慌症不會真的危及生命，但對當事人來說，卻會造成極大的痛苦，如果反覆發作，甚至會讓他們恐懼到完全不敢出門（大家請放心！恐慌症是可以治癒的，不必擔憂）。

就算沒嚴重到產生恐慌症狀，任誰應該多少都有過莫名的不安感、不適的心悸感，或是容易疲倦、缺乏幹勁，每天無精打采，什麼事都不想做的體驗吧。

有些人會覺得，這是因為自己精神不夠強韌，所以會逼迫自己「要振作起來，更加努力！」。然而，這並不是缺乏毅力或性格軟弱，光靠「積極的心態」就能解決的問題。說得極端一點，導致這些現象的成因並不是「心理狀態」，而是「自律神經」。

自律神經除了掌控心臟的血流，還要負責調節全身各處的血液循環，一旦失調便會阻礙血液循環，引發「倦怠．頭痛．頭重．暈眩．失衡感．心悸．肩頸僵硬．腦充血．手腳冰冷．呼吸過度．失眠」等多發性症狀。

更麻煩的是，自律神經失調還可能併發「抑鬱狀態・憂鬱症・不安感・恐懼感・焦慮・恐慌」等精神症狀，導致身心受到雙重打擊。

不好意思，囉嗦了這麼多，總之我想說的是：「這其實是血液循環出了狀況，所以不是你的錯。」

你沒有錯。

當不安的夜晚（白天也適用）降臨時，可以試著這麼做——

深呼吸，然後做一整套廣播體操。

對，就是那個體操。

過程中完全不需要思考什麼「必須用深呼吸調節自律神經」或是「一定要做腹式呼吸」等複雜的規則，那只會讓身體更僵硬。

**只需要抱著「適當吸入氧氣」的輕鬆心態，先是吸氣三秒、吐氣三秒，再吸氣四秒、吐氣四秒，如果能撐到五秒最好。**

你的身體現在正排出老舊的二氧化碳，體內又重新充滿了新鮮的氧氣。

好了，更新完成。

是不是很簡單？

深呼吸真的能拯救一切啊。

就當是被我唬弄吧，今晚要不要試一次看看呢？我會很高興的。

## 5

# 乾脆就來當貓吧

## ——用退化行為宣洩壓力，給自己送溫暖

或許是每天都跟患者在一起的關係，我經常有這種感覺——

「現在的人，真的好孤獨啊……」

我知道有人喜歡孤獨，所以絕對沒有否定他們的意思。不過，我還是覺得一個人很寂寞。

經常有人建議怕寂寞的人養寵物，而家有寵物的人，也時常會用「要吃飯飯了嗎？」這種對待小寶寶的口氣，跟自己的寵物說話。

從醫師的角度來看，這是一種「消除壓力」的方式，具有撫慰孤獨的效

果。對寵物打開自己的心房，和他們站在同等的立場，就能藉此獲得深刻的內心連結。

像我自己是昆蟲迷，所以經常會跟心愛的獨角仙說話。我會在半夜對著牠自言自語，像是「好吃嗎？可以多吃一點喔！」或者「世上只有你最懂我了……」之類的。

先不管我的怪癖，現實的狀況是，養獨角仙的人畢竟是少數，寵物也不是想養就能養。

這種時候該怎麼辦呢？

乾脆就來當貓吧！

聽到電視上的新聞主播說「大家晚安」，就回答「晚安啊喵」。反正屋裡只有自己，不必顧慮有誰會聽到。

「小仙啊，好吃嗎？可以多吃一點喔……」
當貓咪也好，變成獨角仙也不錯，
暫時逃離現實的壓迫，讓自己喘口氣吧！

你可能覺得我是來亂的，出這什麼鬼主意。但我是認真的，這個方法確實很有效。

剛才說的那個例子，就是把主播當成貓咪，再用貓語跟這隻想像中的貓咪說話，和對方建立內心的連結。

即使這隻貓咪只存在於想像中，內心建立的連結卻是真實的，從結果上來說，效用就跟和真實的貓咪說話一模一樣。

有人可能會說這是一種「退化行為」，或許是吧！

然而，這並不是壞事。

**退化行為能使人暫時迴避掉巨大的壓力，或是從痛苦的處境中逃開，可以說是人類為了防止內心崩壞，從而啟動的精神防衛本能。**

什麼都不想做、一步也動不了的時候，最需要不顧他人眼光，大聲地發個牢騷：「啊，好煩啊喵，累死我了喵——」

這就是一個人生活的妙趣。

隨口對獨角仙說的「今天也爬起來努力一下吧」，其實也是我下意識給自己的聲援和鼓勵。

所以，變成貓咪給自己送溫暖吧！絕對可以！

6

# 學阿基米德來泡澡

## ——讓心靈的毒素，跟著溢出的熱水排光光

比起淋浴，泡澡更能去除積累已久的深層疲勞。

**無論是溫熱效果（促進血循、消除疲勞）、水壓效果（改善水腫）或浮力效果（放鬆身體）——好好在浴缸裡泡個澡，獲得的好處可要遠勝於簡單的淋浴**。

只要時間充裕，或是覺得「今天好累啊……」，我就一定會選擇泡澡，而且會花上一點「工夫」來泡。

現在，就要向大家公開我私藏已久的極樂泡澡法！

1 在浴缸裡放滿熱水。

2 雙腳先慢慢踩進浴缸。

3 再一口氣把身體沉進去。

4 熱水「嘩」的一聲溢出來。

5 整個人溶化在有如瀑布傾洩般的轟隆水聲中——

我暗自把這個方法稱為「阿基米德式泡澡」（不知道阿基米德的人，請自行Google一下喔）。

這種泡澡方式有點小奢侈，不過，反正是偶一為之，對於一整天沒人可以說話、正在隻身奮鬥的你而言，享有這點小小的慰勞，自然毫不為過。

阿基米德式泡澡對於消除身心疲憊十分有效。首先是心靈的排毒，溢出去的熱水，直接帶走了堆積在我們內心各種沉重的負擔。

「滾蛋吧！這個禮拜碰上的一堆鳥事！」
奢侈地泡個澡，把負擔和煩惱爽快地沖掉，
給隻身奮鬥的自己一點小小的慰勞！

過去的挫敗或失言。
對未來的不安。
工作的延遲。
一個人的寂寞。
全都在我們眼前，爽快地隨著嘩啦啦的熱水沖刷而去。
親眼看見排毒的「結果」，更能提升解壓的效果。
「啊——超爽的！滾蛋吧！堆在我心裡的重擔！」
只要出現這種心情，就代表成功了。
大家可以在放假前一天的悠閒夜晚，大膽地採行這個建議，好好犒賞一下自己喔！

7

# 看星星、看月亮，好美啊！

## ——仰望不經意的美好，讚美星星也讚美自己

分享一個我只是略有耳聞的知識——好像有種滿月，叫做「超級月亮」或「草莓月」（strawberry moon）。

據說這種「草莓月」可以實現人們的愛情，只要和心愛的人一起賞月，就能和對方修成正果……有著諸如此類的浪漫傳說。

想像著那樣的場景，再自己一個人去賞月，好像會更加寂寞。不過，我還是喜歡仰望夜空。

我太太的老家是個四面被海洋及竹林包圍的鄉村，在那裡可以看見絕美

的星星。特別是深夜時分，星星如同鑽石般鋪滿天空，每次都會讓我想起小時候在繪本中看見的世界。

即使是像我這樣個性彆扭的人，每次仰望星空時，也會不由得真心地讚嘆——「好美啊！」「哇啊，真是太壯觀了！」

無垠的星空總是充滿沛然不可抵禦的力量，僅只是抬頭仰望，就會覺得自己的煩惱實在微不足道。

就是那種，「居然為了這麼一點小事煩惱，好蠢喔！」的感覺。

然後，一**定要把這種「好美啊」的心情說出來**。

**不需要跟誰說，只要用自己聽得到的聲音輕輕說：「哇，好壯觀啊。」這樣就行了**。

當然，傾訴的對象可以是月亮和星星，就算只是對自己說，也是非常美好的話語。

在腦科學領域有一種假說——「人類的大腦無法分辨主語。」

也就是說，當我們出聲感嘆「好美喔」或「好壯觀啊」，大腦其實無法分辨這些話是在對「月亮」說，還是對「自己」說。

人類的大腦迴路經常會在某處搭錯線，使人產生錯覺，但如果是這種錯覺，反而多多益善。

都市裡雖然看不見滿天星斗，但只要眼睛習慣黑暗之後，還是可以發現一兩顆星星。

注視著閃爍光芒的星星，發出一聲讚嘆——「啊，好美喔……」

我總覺得，就是這種不經意的美好，才使我們的人生更加自在快樂。

今晚的月色真美。

8

# 不想睡的話，就醒著

## ——硬逼自己快入睡，反而更無法放鬆休息

睡眠很重要，這一點無庸置疑，特別是疫情蔓延全球的當前，每個人更需要優質的睡眠來提升免疫力。

大家應該都知道，要有效預防新冠病毒的感染，「充足的睡眠」是必要的對策之一。根據資料顯示，慢性睡眠不足的人即使打了流感疫苗，也很難產生抗體，染上感冒的機率也更高。

**剛入睡的兩～三小時尤其重要，因為這是修復細胞、促進新陳代謝的成長荷爾蒙分泌的高峰期**。此外，研究也指出，睡眠能幫助大腦排出堆積的老

舊物質，降低罹患失智症的風險。

睡眠週期包含大腦休眠的「非快速動眼期」（non-REM），以及身體休眠的「快速動眼期」（REM），循環一次大約九十分鐘。那麼，實際上應該睡多久最好呢？

日本醫師會的官網「健康之森」是這麼記載的——

需要多少睡眠時間因人而異，無法一概而論，但大體上來說，每晚有四次的週期循環，也就是六小時左右就綽綽有餘。此外，大腦在入睡三小時後就能獲得充足的休息，因此也有人認為三小時就足夠。

不過，「因此也有人認為～」這種說法基本上挺狡猾的。

簡單來說，無論你是「長時間睡眠者」（long sleeper）或「短時間睡眠者」（short sleeper），「想怎麼睡就怎麼睡，其實都ＯＫ」。

像我每週都得值一次夜班，所以睡眠時間不固定，幾乎是被迫必須處理睡眠的問題。而我試過了各種方法，像是數羊……

我曾經堅持數了一千隻羊，但不僅完全沒有睡意，腦袋還越數越清醒。後來我查了一下資料，才知道用日文數羊根本無效！

據說，「數羊」是專屬於英語圈的催眠法。

英語的「羊」（sheep）在發音時會用到腹式呼吸，所以反覆念誦會慢慢誘發睡意；而日語的「羊」（hitsuji）則完全用不到腹式呼吸，因此沒有催眠效果……

最後，這是我的結論——

「不想睡的話，就醒著吧。」

為了避免誤會，還是要補充解釋一下。這裡說的「醒著」，可不是指玩手機或做運動，畢竟，睡眠最主要的目的就是為了讓大腦和身體休息。

如果能睡著當然最好，偏偏就是睡不著。但是，大腦和身體又需要休息。這時候該怎麼辦呢？

**待在黑暗的環境裡，躺在床上閉目養神**。

只要這樣就行了。如此一來，大腦和身體就能獲得休息。

一直焦慮著「要趕快睡、要趕快睡」，反而會更緊繃而難以放鬆。

如果連躺在床上閉目養神都很難受，那就到窗邊眺望夜空吧！要是能像44頁說的那樣，出聲感嘆：「今晚是滿月，好美啊！」更是一舉兩得了。

然後，只要抱著「睏了再上床睡覺」的心態，等待睡意降臨就好。

當然，如果是嚴重的失眠問題，就要去找包括我在內的醫生喔！

STEP
2

# 一個人的時間也是養分

## 就算一整天沒跟人說話，還是開心自在

### 樂享白日的獨處時光

終於成功熬過了夜晚，但白天還是不好應付，
除了工作之外沒什麼特別要做的事，
感覺又要度過沒跟人說話的一天。
即便如此，還是希望自己過得開心一點啊，
所以在這一章裡，
就為大家列舉了各種「輕鬆擺脫孤獨」的生活智慧。

1

# 一起床就開窗，補足維生素D！

——沐浴在陽光裡，收穫好心情和好睡眠

我大多在週日休假，早上總是睡得不省人事。

好不容易在中午起床了，我做的第一件事，就是搖搖晃晃地走到窗前，打開窗戶。

其實沐浴在清晨的陽光中最好，但誰叫清晨不等我呢！算了，趕不上清晨沒必要洩氣，中午的陽光也差不多。

大家醒來的時候，記得趕快拉開窗簾，讓陽光灑滿整間屋子吧！

只要這樣，我們的身體就能自行生成維生素D。

很神奇吧？所以維生素D又叫做「陽光維生素」，可以幫助人體吸收鈣質，促進骨質形成、加固骨骼強度，同時提升免疫力，以預防感冒、癌症等疾病。

此外，曬太陽最優異的好處，就是得以調節身體的生理時鐘。

人體內有著調節體溫和荷爾蒙分泌的生理時鐘（又稱為「晝夜節律」〔circadian rhythm〕），這個時鐘的週期實際上不是一天二十四小時，而是二十五小時左右，因此和地球的自轉週期多少有些落差。雖然每個人的狀況不盡相同，但是差異範圍大約都在三十分鐘到一小時之間。

**長期生活在黑暗的房間裡，會導致生理時鐘逐步偏移，不到半個月就會完全日夜顛倒。**實際上，**我們的身體會藉由曬太陽，來調整這樣的落差，而清晨的陽光最能有效重置生理時鐘，所以早起才如此受到推崇。**

沐浴在陽光裡，還能促進另一種幸福荷爾蒙——「血清素」（serotonin）的分泌。

在這裡分享一個好康的小知識，人體內有三種幸福荷爾蒙——血清素、多巴胺，還有27頁曾提到的催產素。

血清素具有抑制壓力荷爾蒙、調節心靈平衡的作用。充足的血清素可以活化大腦運作，使心緒安和穩定，行動也更加積極。

在精神科的住院患者中，偶爾會出現不論日夜都拉緊窗簾、關閉燈光，躲在床上鬱鬱度日的人，這會使他們的身體無法分泌所需的血清素，造成不良影響。同時，目前也已發現，憂鬱症患者的腦中缺乏足夠的血清素。

但很奇妙的是，當這些憂鬱症患者因為治療而逐漸好轉、減輕症狀，就會開始主動來到窗邊享受陽光，或者外出散步。只要進展到這個階段，我就知道他們離出院不遠了，打從心底為他們高興。

等到太陽下山後，血清素經過若干酵素催化，則會轉化成「褪黑激素」（melatonin）。褪黑激素具有助眠效果，是一種「睡眠荷爾蒙」，只要白天血清素分泌正常，到了晚上就能轉化為充足的褪黑激素，有助於順利入眠。

也就是說，讓血清素和褪黑激素進行轉換的關鍵就是陽光。真是神奇的力量啊，不愧是「偉大的太陽」。

只要起床了，就拉開窗簾吧！

這麼好用的特效藥，竟是垂手可得。

## 2

# 早晨的藍光是魔法之光

## ——想要瞬間清醒，遙控器是可靠小幫手

很多人都有這樣的煩惱：「想要神清氣爽、精神飽滿地起床，但就是做不到……」

如果有深愛的人在枕邊輕喚一聲「起床了喔」，任誰都會立刻清醒吧！只可惜我現在是悲哀的單身狗，原本早上就已經很難起床了，現在更是陷入苦戰，有時大腦甚至會過於昏沉，完全醒不過來。

這種狀況在睡眠醫學領域稱為「睡眠慣性」（sleep inertia），說得簡單一點，就是身體在要求「多睡一會兒」。

在肉體勞累、承受精神壓力，或是身心皆感疲憊時，都容易產生睡眠慣性。而要解決這個問題的最好方法，就是53頁提過的「曬太陽」。

只是，在睡眠不足或辛苦工作後的隔天早上，光是要從被窩裡爬出來都很艱難，離床鋪一公尺的窗邊更是遙遠的距離。

不過放心吧，每個人身邊其實都有一個可靠的小幫手，能協助我們度過這難熬的早晨，那就是——遙控器。

記得把電燈和電視的遙控器放在枕邊，早上一醒來，就立刻伸手「嗶、嗶」，把兩邊的電源都打開。

聽說近來還出現了可以同時用於電燈、電視等設備的「萬用遙控器」，但沒有也無妨，只要能打開電源就好。

一旦燈亮了，耳邊傳來電視上氣象主播的聲音，自己的房間就立刻變身為國際長途航班的機艙。

早上一醒來，立刻先伸手「嗶、嗶」，
把電視、電燈都打開，模擬在機艙內醒來的狀態，
就能讓大腦瞬間清醒，順利起床！

長途飛行時，機艙會在乘客休息時熄燈，在應該醒來的時刻再開燈。然後，耳邊響起空服員推著餐車及乘客起身的聲音，四周一下子喧鬧起來，就會讓人意識到「已經是早上，該起床了」。

此時的房間正類似這種機艙內的狀態，在重置生理時鐘的照明和電視光亮映照下，聽著氣象主播的聲音，在被窩裡伸個懶腰，慢慢地清醒過來……

如何呢？是不是覺得好像也沒那麼困難了？

最近，我還學到了另一個超好用的秘訣，這是一位幾乎全天二十四小時都在待機的電腦工程師告訴我的。

「如果是短時間的睡眠，可以利用手機讓自己迅速清醒。」

作法就是**當鬧鐘一響，立刻打開手機閱讀新聞。這樣即使只睡了兩、三小時，也能很快清醒。**

喔喔，居然還有這一招！

手機會發散藍光已是眾所周知，這是一種強烈的可見光，能透過視網膜直接刺激大腦的視交叉上核（suprachiasmatic nucleus，調節生理時鐘的中樞結構），讓大腦一口氣清醒過來。

也就是說，**藍光其實就是沒有聲音的強力鬧鐘**。

不過，對我來說，最有效的還是——

「糟糕！來不及搭接駁車了！」

要是沒趕上醫院的免費接駁車，我就得自掏腰包坐一趟三千日圓的計程車，這錢花得也太痛了。

於是我養成了一項特殊技能——「為了三千日圓，可以在起床三分鐘內打理好出門」。

3

# 總之，先換好衣服吧！

## ——用換裝的「儀式感」，順利切換公私狀態

護理師對精神科的患者說明住院注意事項時，總是一派嚴謹，展現出不容置喙的氣勢，對醫生來說，他們真是不可或缺的助力。

而在這些說明當中，有一項是「換衣服」的規定。

當然，這項規定會根據症狀彈性調整，但為了讓患者在住院期間也能維持平時的生活狀態，「白天日常服↓晚上睡衣」就成了必須遵守的規範。

除此之外，還要「確實清洗」。如果有患者偷懶不做，護理師會從嚴地叮嚀他們「要認真清洗喔」、「換一下衣服比較好喔」。

說起來一般的社會也是如此，公私切換是維持生活如常的重要關鍵。實際上，大部分「家裡蹲」的繭居族，起初都是基於某種原因增加了待在家裡的時間，最後就這樣不再外出。

像是校園霸凌、職場的人際紛擾、病痛，到了中老年則是退休，這些都是常見的理由。而當新冠疫情在全球擴散，遠距工作或居家隔離頓時成了常態，自然也是目前的一大主因。

如果現在正有人苦惱著該怎麼切換公私狀態，我的建議是——「就先換衣服吧」。

**早上一起床，就算用爬的也要馬上去換衣服，就是這麼重要。**

**不要穿著睡衣度過一整天。**

**每隔兩、三天，還可以特意換上「上班服」、「外出服」。**

順便確認一下有沒有因為在家遠距工作變胖了。

就寢→睡衣；工作→日常服；跑步→運動服；
確實區分公私狀態、建立作息節奏，
生活就不會變成一灘死水，也不容易被「孤毒」支配！

更重要的是，讓自己記住居家隔離前如常的生活狀態。畢竟人類天生好逸惡勞，只要無所事事，就會變得越來越怠惰……

「好麻煩喔，懶得出門」、「算了，就這樣吧」——不想讓自己的生活像這樣變成一灘死水，首先就要換衣服。

這種具有「儀式感」的換裝行動，其實意義十分重大。

確實地區分工作（活動）模式和休息模式，建立生活節奏，就不容易受到「孤毒」的支配。

順便說說我的上班服，通常我都是套著白色醫師袍，裡面則是穿單色POLO衫配黑色長褲。

結果，某天有個年輕女患者這麼對我說：

「醫生，你怎麼每天穿同樣的衣服，都不換的嗎？好髒喔。」

真、真是沒禮貌！

雖然我每天都穿同一個顏色，但上衣還是有換的！

我只是不想每天早上起來還要煩惱穿什麼，居然被誤會成……

從此以後，我就改成每天都穿不同顏色的POLO衫上班。

賈伯斯都可以三百六十五天完全不換造型，為什麼換了我就變這樣……

# 4

# 「空氣跳繩」減重又健身！

## ——沒有繩子照樣跳，宅在家更要好好運動

某天，一位醫師前輩這麼跟我說。

「小鹿啊，你知道彈跳床運動嗎？在家裡用來減肥超有效的。」

我驚訝地反問：「啊？您家裡居然有彈跳床嗎？」

前輩無視我的問題，自顧自地說：「只要ㄉㄨㄞ～ㄉㄨㄞ～跳個五分鐘，就能消耗掉慢跑一公里的熱量。你也試試看，可以消小腹喔！哈哈哈哈！」

他留下豪爽的笑聲，摸著醫師袍裡的肚子，瀟灑地離開了診療室……

不過，我確實挺在意運動不足的問題，特別是這陣子每天過著有如單身

外派的孤獨生活，假日裡我也幾乎是足不出戶。

身體不活動，雖然不至於連大腦或心臟都跟著停止運轉，但運動不足和憂鬱症的關連，一直是近四十年來深受重視的研究領域。

這也是精神科病房之所以引進伸展操或輕量運動，做為職能治療其中一環的原因，適度的運動對於預防憂鬱症確實十分重要。

此外，運動不足造成的另一項隱憂則是「經濟艙症候群」。

**「經濟艙症候群」的正式名稱是「深度靜脈血栓」，意指腿部的靜脈結成血塊，一旦順著血流移動到肺部，就會引起肺栓塞導致無法呼吸，是死亡率極高的急性重症。**

**而導致這種急症的主要原因有三項——肥胖、水分不足和缺乏運動。**特別是體型肥胖的人，如果又整天坐著不動，罹患的風險就會更高。

待在家裡，除了幾乎沒有走動的機會，連站著都會漸漸嫌麻煩，不知不覺就癱在椅子上，用同一個姿勢刷了十二小時 YouTube⋯⋯。有時候太過沉迷，甚至連水都忘了喝，真的要多加留意。運動不足很容易引發急症，造成生命危險。

話是這麼說沒錯，不過待在家裡真的很難運動，所以，這裡要推薦一項我自己正在做的運動。

我把它取名為「家裡蹲！空氣跳繩」，作法是這樣的——

1 膝蓋微彎，雙手假裝握著跳繩。

2 就這樣小幅度地跳躍。

「空氣跳繩」的效果非常好，除了沒有真的繩子，運動量完全相同，做為有氧運動也是一級棒。它能提升全身的含氧量，讓新陳代謝更活躍，同時有效地鍛鍊心肺功能。

要活就要動，在電腦前坐了一整天，
不妨來試試「空氣跳繩」，鍛鍊心肺、促進代謝吧！
記得要鋪上軟墊，盡量減低噪音喔。

起初可以挑戰一分鐘的空氣跳繩，之後再搭配自己喜歡的歌曲，慢慢加長到「一首歌」的時間，大約三到五分鐘就足夠了。絕對不要勉強自己，這一點很重要。

只要覺得身心暢快，「空氣跳繩大作戰」就完美成功！

跟我一樣住公寓的人，記得要鋪上軟墊，盡量減低噪音喔。

5

# 不用斷網，也能擺脫「社群倦怠」

## ——網路上，也要保持安全的社交距離

我在醫學生時期的成績稱不上優秀，在醫院實習也是笨手笨腳，如今回想起來真有點汗顏。

我成了住院醫師後，也沒有太大的差別。每當救護車抵達醫院，科裡的所有醫護人員都會第一時間衝出去，畢竟事關寶貴的人命。當然，我也會跟著衝，但衝的方向卻是廁所，所以總會被大吼：「救護車不是在那裡！」

救護車引發的緊急狀態加上緊張作祟，每次都讓我腹痛如絞，只想去廁所報到，直到我習慣這種狀況前都是如此。

那段時期，我既害怕又痛苦，感覺糟透了又羞愧難當。同期的其他住院醫師在我看來耀眼非常，總是讓我自慚形穢，覺得「只有自己技不如人」。

現在回想起來，當時我一心跟別人比較，只顧著判定誰優誰劣，不斷地折磨自己。明明一緊張就跑廁所只是因為經驗不足，卻覺得被「更優秀」的同期給完全比下去了，所以自暴自棄。

因此，每當我看到有人把獨處的時間都花在刷社群媒體，進而引發「社群倦怠」（編註：因過度使用社群媒體，逐漸對大量的訊息和互動感到疲乏、厭煩，而開始減少使用、降低熱度的現象），都會想起那時候的自己。感覺社群媒體就像是「優劣（任意）比較裝置」，在某種意義上變成了可怕的怪物。

社群媒體的迷人之處，就在於「可以只看到自己想看的資訊」。在推特上關注自己感興趣的人，有什麼新聞流傳時，觸目所及都是和自己共鳴、同感的意見，會帶來一種安全感，彷彿內心找到了歸屬，甚至覺得「自己終於不是一個人了」。

由此看來，「可以只關注自己喜歡的人」這項社群媒體的特性，或許也算是一個優點。

順帶一提，我在推特上關注的對象，都是和「獨角仙‧鍬形蟲」相關，還有「醫療行業大小事‧大家都是這樣的喔～」之類的社群。

但是，當自己發表的內容偶爾招致相左的意見或批判，大部分的人往往很難當成是單純的意見不同，而是覺得自己整個人的存在價值都被否定，內心像是被棍棒毆打般疼痛難耐。

繼之而起的反應就是極端的憤怒，想用更強烈的語言攻擊回去，結果反而更覺得全世界只剩下自己般孤立無援。社群媒體就是這樣一個充滿嫉妒、羨慕，互扯彼此後腿的地方。

即便如此，我還是不曾聽哪個患者說過，要戒掉社群媒體。

戒不掉，或許才是社群媒體。

不過，我倒是知道有患者「只看不發文，就變得輕鬆多了」。因為我告訴他，**「其實我只在網路上潛水，真的很輕鬆，也不必煩惱要不要按讚。」**結果他就跟著這麼做了。

沒錯，我曾經有段時期會在網路上發文，但後來實在承受不住，就變成只看不發文的「潛水一族」。就算我是醫生，也戒不掉社群媒體啊……

如果你的生活快要被「社群怪物」占據了，要不要試著減少一點上網的時間呢？就算比昨天少一點也好。

即使只是稍微離開一下，心情也會輕鬆許多喔！

6

# 展開「靜音電視」大作戰

## ——光是打開電視，大腦就會總動員起來

雖然這樣問有點唐突，不過，大家曾經自己在家裡量過血壓嗎？

當內科主治醫師要求患者「每天都要量血壓喔」，通常會叮嚀要在一大早進行，像是上完廁所後，先呆坐個一、兩分鐘，再來測量之類的。

這時，醫師還會提醒一件事：「先不要打開電視。」

由此可知，電視造成的刺激有多麼強烈，尤其是那些唯恐天下不亂的新聞報導，兩三下就會讓血壓飆升。

電視會同時刺激我們的眼睛和耳朵，並且單方面進行資訊轟炸，完全防

不勝防。眼睛接收到的資訊會通過視神經傳送到大腦，在枕葉進行處理；耳朵接收到的情報則經由聽神經傳送到大腦，在顳葉進行處理。

換言之，光是打開電視，整個大腦就會總動員起來，當然會極為疲累。

而當已經很疲累的大腦又接觸到各種負面的資訊……

大腦便會將這些負面資訊視為生命威脅，調節情緒的杏仁核於是變得活躍。如果是重要的情報，則會儲存在旁邊主掌記憶的海馬迴，所以越是討厭的事，記憶才會越深刻。

不過，要是有「很好奇」的有趣電視節目想看呢？

我的建議是——「將電視設為靜音」。

**「靜音」可以讓耳朵休息，避免大腦接收過多負面資訊，又不至於錯過感興趣的情報，得以滿足自己的「好奇心」，可說是一石二鳥之計。**

像我這樣有點怕寂寞的人，也可以關掉電視的聲音，只播放影像就好。這樣會讓家裡顯得熱鬧一點，彷彿有別人也在，讓我覺得沒那麼孤獨。只要內容看起來輕鬆愉快，播什麼都好，反正是靜音。

我把這個方法稱為「靜音電視」大作戰，對於緩解孤獨、消除大腦疲勞都有絕佳效果。

7

# 採買時順便散個步，有益身心

## ——簡單輕量的運動，可以抗憂鬱、防失智

我想跟大家聊一下我很尊敬的一位精神科醫師。

他是我的大學同學，不像我空有幹勁卻老是手忙腳亂，他總是顯得很放鬆，給人舒服、自在的感覺。我很羨慕他的從容，就問他有什麼秘訣，而他是這麼跟我說的。

「秘訣啊……嗯～～大概就是用散步的心情過日子吧！」

喔喔，原來如此！受教了！原來是散步嗎？

……如果我真能這麼想就萬萬歲了，可惜我做不到。

因為，散步對我來說，跟苦差事沒什麼兩樣。與其說我討厭散步，不如說「散步之前」的心理準備更讓我糾結。我本來就很愛操煩，難以抱著「輕鬆」的心情去做一件事。

比方說，只是五分鐘左右的散步，光是出發前背包裡該放什麼，我就可以煩惱十五分鐘。對我這種天生就會想很多的人而言，拿著一支手機就能四處趴趴走的人，簡直就是「神」一般的存在……

當然，我很明白散步的重要性，這是解決運動不足最容易、最有效的方法，對於預防憂鬱症也有相當的效果。

根據新近的研究，簡單、輕量的運動還可以預防失智症。

**運動能透過肌肉刺激大腦釋放「腦源性神經營養因子」（BDNF），以促進腦神經細胞的生成，進而活化、再生主掌記憶功能的海馬迴神經細胞。只要做些簡單的運動，就可以使海馬迴保持年輕，自然延緩失智症的發生。**

散步對身體、心靈和大腦都有益。
吹著涼爽的微風、瀏覽沿途的景色，
只要覺得「肩膀放鬆了、負擔減輕了」，就代表大功告成！

總之，重點摘要就是：「散步對身體、心靈和大腦都有益。」

經常有患者問我：「每天在什麼時候、散步幾分鐘最好呢？」精神科的患者真的都好認真又努力。

按照醫學教科書的建議，大概會是「每天早上散步一小時」。但我要是這樣做，應該會直接得憂鬱症，光是在腦子裡想想就累了。

所以，我是這麼做的。

我每天會去超商三次買早餐、午餐和晚餐，偶爾買買宵夜。

每次去超商時，我就會「順便」散步五分鐘。什麼時間無所謂，白天或半夜都可以。

像是剛剛，我為了買宵夜填肚子，就順便出去散了個步，夜晚的微風真的很舒服，我足足走了十五分鐘！

只要覺得「肩膀放鬆了、負擔減輕了」，就代表大功告成！

8

# 午睡可不是貓咪的特權

——小憩三十分鐘，思緒更敏銳、行動更帶勁！

「啊，好想變成貓咪！當貓咪好好，什麼都不用煩惱～～」

看到在陽光下懶洋洋打滾的貓咪，我總是既羨慕又嫉妒。

其實，我比較喜歡狗，只是每次看見貓咪那種無憂無慮、不用煩惱下輩子的模樣，就覺得還是貓好——

說得簡單一點，我就是想盡情地睡午覺，因為真的很舒服……

為什麼睡午覺會那麼舒服呢？

醫學上的解釋是這樣的——

首先，吃完午飯後血糖值會上升，為了控制血糖，這時胰臟便會分泌胰島素。但胰島素分泌的速度沒有那麼快，所以血液中會暫時維持高血糖的狀態，讓大腦反應變遲鈍，覺得昏昏欲睡。

其他的原因，還包括大腦中的「清醒物質」——食欲素（orexin）的活性降低，以及掌管放鬆的副交感神經更加活躍等等。

所以，「好睏……好想睡午覺」是再正常不過的生理現象。

畢竟，大腦從一早就開始全力運轉，自然會發出「差不多該休息了」的睡眠信號，這也可以視為大腦自我保護的防衛機制。

西班牙等南歐國家向來都有「siesta」（午睡）的習慣，我一直覺得全世界都應該向他們看齊。後來美國航太總署NASA發表了關於午睡的研究報告，Google、蘋果、微軟等大型ＩＴ企業也率先倡導，終於開啟了「午睡」新時代。

NASA的實驗結果顯示，**中午只要小憩二十六分鐘，就能提升三四%的認知能力、五四%的注意力，效果實在驚人！**

那麼，理想的午睡時間是多久呢？

根據各種調查結果和我的親身體驗，大約是二十～三十分鐘最為適合。這個長度的午睡時間能使大腦恢復清醒、敏銳，後續的行動也更有活力。

**然而，一旦過了三十分鐘就會進入深度睡眠，不只很難清醒，還會影響夜晚的睡眠品質**。尤其居家上班的人更需留意，一定要確實設好鬧鐘，別睡過頭了。

就讓我們跟著貓咪，享受在陽光下慵懶午睡的幸福吧！

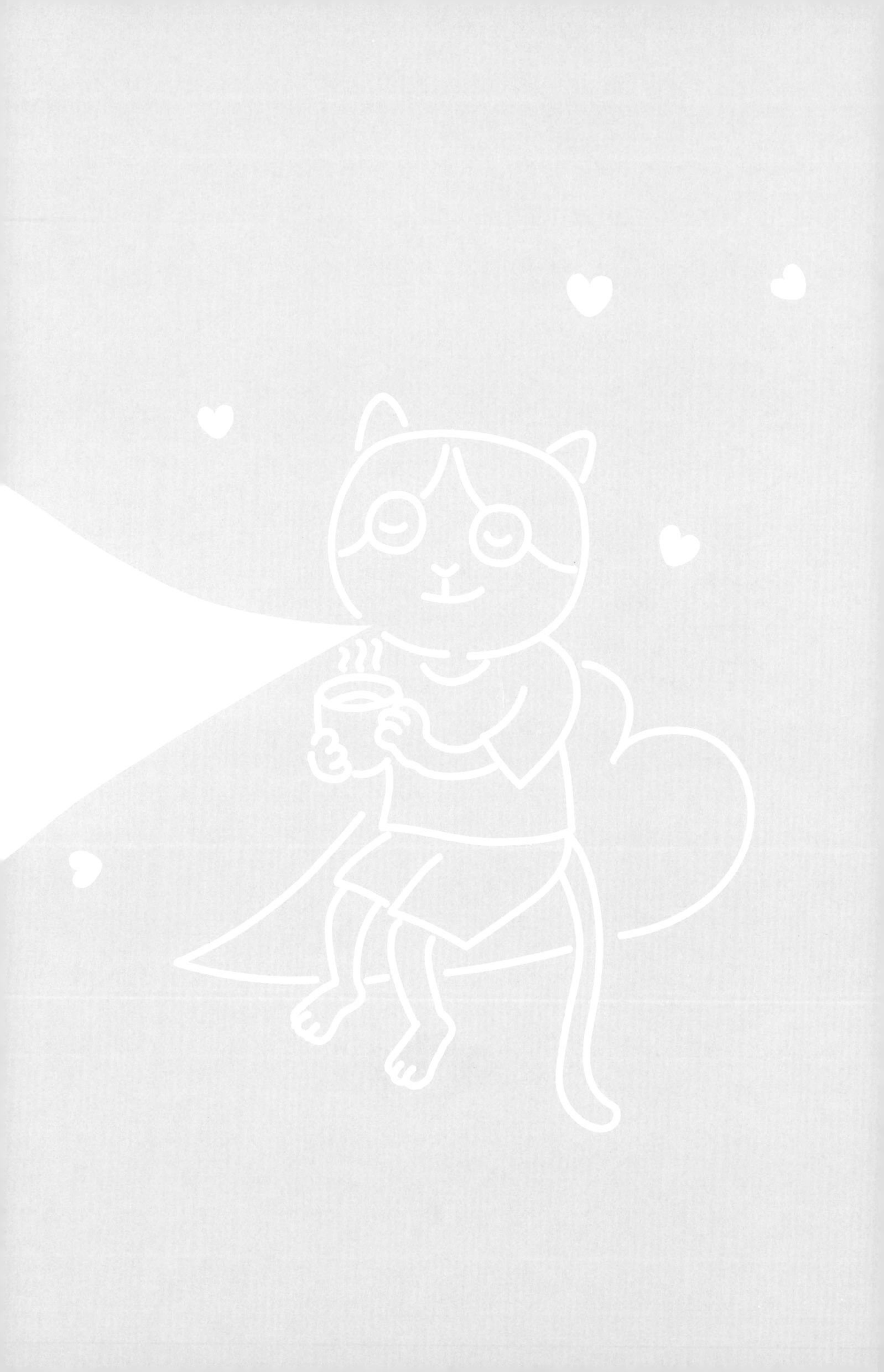

STEP 3

# 好好照顧疲憊的自己

## 對自己溫柔一點、寬待一點

### 撫慰過度耗損的身心

人類無法只靠鞭策驅動，
我們卻經常面對世間嚴苛的侵逼。
我受夠了……如果覺得身心俱疲了，請果斷地善待自己吧！
人生如此艱難，偶爾放過自己又有什麼關係呢？
在這一章，就要跟大家分享如何溫柔地療癒、慰勞自己。

# 1 少囉嗦，吃「肉」就對了

——恢復元氣又振奮心情，不吃絕對虧爆！

情緒陷入低潮了？那就吃肉吧！

牛排、涮涮鍋、烤肉，哪一種都可以，盡情吃個痛快，大啖鮮嫩多汁的美味肉食，一直吃到肚子撐飽為止。

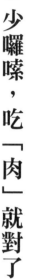

我始終偷偷認為，只有盡情吃肉，才能讓人無條件恢復元氣！（不愛吃肉的人就不要勉強喔！逼自己去吃不喜歡的東西，只會適得其反。）

當然，這番言論要是給專家們看到，一定會被罵得狗血淋頭。畢竟專家們的工作就是嚴謹地傳達正確的資訊，而我身為其中一員，每天都感受到不小的壓力。只不過，要是有人無時無刻在自己耳邊嘮叨著「從營養均衡的角度來說……」、「健康的飲食應該……」這些顯而易見的論調，似乎才更無益於身心啊。

我覺得，大可不必想得那麼複雜。

如果發現自己開始漸漸流失「元氣」了，首先就去補充肉類吧。實際上，曾經有位老先生剛開完刀，就說想吃滴血的半生牛排，他的恢復力自然超乎常人。

眾所周知，肉類是絕佳的蛋白質來源。蛋白質和碳水化合物、脂肪並列為三大營養素，由多種胺基酸組成，是建構全身肌肉、內臟、指甲、毛髮、免疫物質及荷爾蒙等的重要成分。一旦蛋白質攝取不足，肌力和免疫力都會大幅下降，使人體遭受各種疾病的侵襲。

情緒陷入低潮了？那就吃肉吧！
肉類不但營養美味，還能提供極樂分子與幸福荷爾蒙，
今晚就來點「一人燒肉」補充能量，越吃越開心！

**肉類是恢復元氣的最佳法寶，更令人驚訝的是，最近的研究證明，它還能使沮喪的情緒有效回復**。換言之，人類只要攝取肉類就會產生幸福感，這是人體原本的機制。

肉類會在腦內轉化為「花生四烯乙醇胺」（anandamide），這是一種內源性的大麻醇類神經傳導物質，會與中樞神經系統連結，釋放愉快的信號。這個名稱是取自梵文的「阿難陀」（ananda, 極樂、歡喜），所以又稱為「極樂分子」。也就是說，只要吃肉，心情就會變得飄飄欲仙、輕鬆愉悅。

此外，在54頁提過的幸福荷爾蒙——血清素是由色胺酸（tryptophan）構成，這種必需胺基酸也富含於牛肉、豬肉等紅肉之中。

肉類不但美味，還慷慨地提供極樂分子與幸福荷爾蒙，不吃絕對虧爆！

今晚，我想來點「一人燒肉」。

## 2

# 用「獎賞」堵住想抱怨的嘴

## ——慰勞一下努力的自己，封印負面能量

我想成為「患者能夠完全依靠的醫生」——至少我是這麼希望。

所以我全神貫注、戮力以赴。

但是，看到現在我想大家應該已經識破了，我其實是個笨拙膽小，但又超愛裝模作樣的傢伙，只要稍被稱讚，就會暗自洋洋得意；受到一點批評，情緒就會跌到谷底。

現在的你，又是什麼狀態呢？

既然你拿起了這本書，代表你可能每天都待在家裡，或是獨自在職場上艱苦奮鬥，身邊沒有一個可以說話的人。你的內心時常湧現不安與寂寞，卻又不願意麻煩別人，總是想著要獨自解決問題，認真、努力地生活著。

然而，**越是認真努力，內心的煞車就越有可能損壞，久而久之，就在不知不覺中累積了龐大的壓力。焦躁、怨嘆、缺乏幹勁，陷入努力與回報嚴重失衡的惡劣狀態，危險信號開始不停閃爍！**

這種時候，就需要給自己來上一段「獎賞時間」了。

一旦感覺到「只有我這麼倒楣」、「最近諸事不順」，立刻「獎賞」一下自己，就能快速地封印負面能量，讓情緒恢復平衡。

可以品嚐甜點、點香薰精油、喝花草茶或者做美容按摩，要是手頭寬裕些，買買買也是最佳犒賞良方。重點是只要讓自己開心，做什麼都可以。所以盡情地解放、療癒自己吧！

有不少人會選擇用甜食來獎賞自己，這可是其來有自。充足的糖分能刺激大腦分泌多巴胺、血清素和正腎上腺素（norepinephrine）等神經傳導物質，使人產生幸福感。

除此之外，當身體疲憊時，血糖因而下降，大腦也會吶喊：「快給我甜食！」因為糖分能被快速地消化、吸收而轉化為葡萄糖，是立刻為身體補充能量的絕佳來源。所以人們一吃下甜食，就會馬上覺得「好好吃！」

不過，甜食還是要小心別吃多了喔！糖分攝取過度，會促使胰島素大量分泌，導致低血糖狀態，反而加劇身體的疲勞。尤其精製砂糖更被稱為「軟毒品」，具有一定的成癮性。

所以，不管做什麼都要適可而止，平衡最重要。

況且，這種「獎賞」是努力的大人專有的特權，更要從頭到尾細膩、用心地品味，才不會浪費。

# 3 想吃宵夜就挑魷魚乾

## ——不說話也要運動嘴巴，還能越嚼越幸福！

昨天早晨，我沒趕上醫院的免費接駁車，只能悲慘地花了三千日圓搭計程車。在車上跟司機先生聊天時，他說起了這件事。

「這陣子啊，每次載到年紀不大，特別是剛出社會的二十幾歲年輕人，他們一上車就會說，『開始遠距工作後，才突然發現去公司上班的日子真開心。以前從來沒想過，沒人可以說話居然是這麼難受的事。隔了好久，今天終於有機會跟人聊天了，真的好高興喔！』然後就滔滔不絕地講個不停。不只是一個人，好幾個都這樣。」

我非常了解這些年輕人的感覺。即使是陌生人，即使只是擦肩而過的短暫時光，也想和他人有所連結，想直接感受這樣的聯繫。連懂事以來就由手機陪伴長大，能一個人心滿意足地打電玩、刷社群媒體的年輕世代都有這種感受，其他人就更不用說了。

對我這個被迫和太太孩子分居的三十多歲大叔來說，孤獨感更是深入骨髓。這或許也跟我正在全力準備精神科專科醫師的考試，沒什麼機會跟別人說話有關吧。

但也拜此所賜，我親身體驗了一件奇妙的事——

要是好幾天沒跟人說話，聲帶就會產生異狀。

剛開口時，聲音會顯得滯澀沙啞，甚至出現破音。由於聲帶也是肌肉，不管是咽喉或附近部位，不使用就會萎縮；如果是年長者，咽喉萎縮還會影響吞嚥功能，容易造成誤嚥性肺炎（食物進入氣管）。

這也是為何醫師總會不厭其煩地叮嚀高齡患者：「要多出聲說話喔。可以自己用嘴巴吃就這樣吃吧～～」

當患者有吞嚥障礙或無法自行進食，會藉由打點滴或是「胃造口」——在病人腹部做一個直接通往胃內的小洞，以進行灌食、攝取營養。我所負責的患者曾經說過：「這讓人完全失去了吃東西的樂趣，好痛苦。」更何況，嘴部周邊肌肉的衰退據說也會增加失智症的罹患風險，所以「多用、多動」真的至關緊要。

說了這麼多，現在的我還是只能「一個人讀書」、「一個人吃飯」、「一個人喝酒」。而這種時候，我都會去超商買魷魚乾（或魷魚絲）來當下酒菜或零嘴。

魷魚是高蛋白、低熱量的食物，而且不仔細咀嚼會很難吞嚥，有助於訓練咀嚼功能。咀嚼能運動嘴部周邊的肌肉，使發音更清晰、緊緻臉部線條，同時防止進食太快及過度飲食，間接造就減重的可喜成果。

超商除了魷魚乾，還有鮭魚乾、昆布條、牛肉乾、炸牛腸、小熊軟糖等各種「耐嚼零食」可買，品項十分豐富。

**咀嚼的最大益處，還是在於「促進唾液大量分泌」，也就是增強唾液分泌的能力。口水看似不起眼，其實保健功能強大，除了有助於消化、促進腸胃蠕動，也可以調整口腔環境，預防牙周病和口臭，並且抑制食物中含有的致癌物質。**

規律的咀嚼同時會促進幸福荷爾蒙——血清素的分泌，等於讓人「越嚼越幸福」。咀嚼的活性化效果不止於此，它也能刺激主掌記憶的海馬迴，活化大腦的運作，好處簡直不勝枚舉。

所以，今天我的零嘴就是日式仙貝、能用手撕著吃的起司條和魷魚乾。當然，專科醫師考試也持續努力，完全沒有放鬆。

4

# 有點小憂鬱？來畫畫吧！

## ——就算畫得超不像，笑笑自己也很有樂趣

在醫院的聊天室，來探望住院爺爺的小女孩跟我提了一個要求。

「醫生，幫我在畫圖本上畫哆啦A夢和凱蒂貓～～」

既然是病人的可愛小孫女拜託的，那當然要畫啦！

「畫好了！你看，這就是風靡全世界的日本藍貓和白貓喔！」

小女孩高興地跑上前來，一看到我的畫，卻露出「這才不是咧……」的表情，瞬間大失所望。但現場的大人們，全都哈哈大笑。

的確，我畫的哆啦A夢根本就是個面具摔角手，凱蒂貓更像是帶著邪

惡笑容的鬼娃娃，完全給人帶來衝擊的效（笑）果！

算了……大家開心就好……

其實，我也會推薦住院的患者多畫畫。畫畫實際上是相當困難的作業，光是要把記錄在腦中的哆啦A夢圖像轉畫到紙上就很不簡單，可見畫畫是一種十分要求創造力的行為。

當然，如果就是不喜歡或覺得有壓力，也無須勉強自己。不過心血來潮時，憑著腦海中的印象描畫一下喜歡的圖案或人物，也挺有意思的。到時回頭參照原來的圖像，不禁被自己的畫逗笑，畫得越不像，就越有樂趣。

反正也不是功課，或是要給誰講評，想怎麼畫就怎麼畫，然後單純為自己「畫得超不像……」開懷大笑就好。自己取笑自己，對身體健康其實大有助益。

「我不是要畫花嗎？怎麼變成魚罐頭了⋯⋯」
算了，像不像沒關係，重要的是讓自己開心，
找個喜歡的興趣，好好放鬆享受吧！

**「大笑」能有效活化自然殺手細胞**（**natural killer cell; NK**），**消滅體內的癌細胞及病毒。而實驗顯示，就算只是「假笑」也有效。**

人體內約有五十億個自然殺手細胞，時常開懷大笑能使其更加活化，可望提升身體的免疫力。

此外，畫畫還有「保持專注」的效果，而專注十分有助於心理調適。最受精神科患者喜愛的相關活動是「著色畫」，因為「可以隨意塗喜歡的顏色」，既放鬆又沒有壓力，不用擔心失敗，大腦也不會疲憊，即使是失智症患者，也能樂在其中塗上好一陣子。

除了畫畫之外，任何能讓人專注的活動，例如拼圖、射飛鏢、編織或做模型等，只要是喜歡的興趣都可以。

當我們專注而投入時，呼吸的節奏會自然變得平穩，自律神經也恢復平衡；因為集中心志，還能夠消除不安與雜念、排解壓力，效果幾乎等同於冥想。不覺得很厲害嗎？

如果獨自在家工作讓你孤單鬱悶，要不要試著在日誌的空白處塗鴉一下呢？就像以前上課無聊時，在課本或作業簿的白邊開心地隨手亂畫那樣。

久久塗鴉一次，或許會激發失落已久的童心，意外地讓人著迷。

5

# 摸摸膝蓋，疼惜自己

## ——用自己的體溫撫慰自己，一切都會好好的

星期天，看了《海螺小姐》的下集預告，猜完本週的剪刀石頭布，我立刻陷入了憂鬱——「啊，明天又要開始工作了……」（譯註：《海螺小姐》原名為「サザエさん」，是日本長壽國民動畫，劇中女主角在片尾會跟觀眾玩猜拳遊戲。）

醫生這份職業看似優雅，實際上根本不是這麼回事。像是在大學附屬醫院擔任住院醫師，往往要連續工作幾十個小時，導致疲勞不斷累積，對一切感到厭倦，碰上一丁點小事就會瀕臨爆發——會發生這種狀況的，絕對不只是我而已。

雖然我現在還是很菜，但在我更菜的時期，每天除了要應付繁重的例行勤務，還經常會被指導醫師毫不留情地責罵。這也是當然的，畢竟這工作關乎人命。

「為什麼連這麼簡單的事都不會!?」

「不是叫你快點做完嗎!!」

正如各位所知，我雖然是精神科醫師，卻沒有鋼鐵般的意志。當院內最厲害的資深大老正在諄諄教誨，聽在我耳裡卻只如同老媽無止盡的碎唸，真的很讓人崩潰。

雖說醫界注重上下關係，但老是被雞蛋裡挑骨頭，指責許多甚至算不上錯誤的小事，任誰都會忍受不了。

不知道大家有沒有想起類似的際遇呢？

比方說，莫名奇妙就變成別人的出氣筒……

這個時候，我希望大家可以做一件事。

那就是——「摸摸自己的膝蓋」。

這是我在大學附屬醫院第一年擔任精神科醫師時，一位醫師同事傳授給我的技巧。

「小鹿啊，被罵的時候，可以像這樣摸摸自己的膝蓋喔！」

每次被老師發完飆，我都會跟這位醫師一起這樣做。

**可以坐在椅子上，也可以抱膝坐著，先是用手掌包住膝蓋，就這樣和緩地撫摸大約十秒**。有沒有覺得膝蓋那邊漸漸傳來了令人鼻酸的溫暖呢？細細感受一下透過手掌傳來的溫度，你會覺得「啊～好溫暖啊……」，就像在用自己的手對膝蓋進行「緊急治療」。

接著，再從腳尖朝心臟的方向往上輕柔地撫過小腿，一邊撫摸、一邊溫柔地說：「沒事沒事……你會好好的……」

用手掌包住膝蓋，和緩地撫摸，

一邊溫柔地對自己說：「沒事沒事，你會好好的⋯⋯」

有沒有覺得膝蓋那邊漸漸傳來了令人鼻酸的溫暖呢？

好平靜、好舒服啊。一旦逐漸湧現這種安詳舒坦的感覺，就代表體內正在分泌大量的幸福荷爾蒙——催產素。

其實，這是當今備受注目的一種自療方式，稱為「撫觸療法」（soothing touch）。當然，**不限於膝蓋，任何讓自己感到舒適的部位都可以多加運用。**

用自己的體溫撫慰自己的「自我療癒」，與其說是醫學，更屬於心靈鍛鍊的領域。然而，被生活折損得千瘡百孔、疲憊不堪時，每個人都需要這樣的力量，請務必試試。

對自己再溫柔、再寬待一點吧！

我就是這樣一邊摸著自己的膝蓋，一邊和同事共同熬過在大學附屬醫院的日子。

# 6 日行一善，日掃一處

## ——只要先做一點點，就會看見一線轉機

精神科患者的房間，多半都十分雜亂。只要去住院患者的病房看看就一目了然，尤其狀況越糟的患者，病房越是散亂不整。

為什麼會這樣呢？

最主要的原因是「大腦超出負荷」。

我們的大腦無法忽略進入視野的每一項事物，總會不自覺地思考「這到底是什麼？」、「這裡居然還有別人送的餅乾，得快點吃掉」等等……。**光是環顧塞滿物品的房間，大腦就會開始對瞬間進入我們視野的事物，也就是**

**「所看見的東西」進行分析。**

**如果再不停移轉視線，讓更多不同的東西進入視野，腦內處理「視覺思考」的容量就會瀕臨爆炸，大腦也變得精疲力盡。**這不是先有雞還是先有蛋的問題，究竟是「因為東西太多，使大腦過於疲憊而難以整理」，還是「大腦過於疲憊而難以整理，導致東西雜亂」，起因真的不易判斷。

所以，身為醫護人員的我們，都會在恰當的時機提醒病人：「一起來整理房間吧！」

前陣子，有位病人就在自己信任的護理師協助下，把房間整理得煥然一新。之後他的神色整個開朗了起來，還告訴我：「沒想到把房間整理乾淨，會這麼舒坦愉快。我今天睡得非常好，腦袋似乎也神清氣爽了。」

接著他又跟我說：「真不愧是精神科醫師！醫生您的房間一定也收拾得很整潔吧！哈哈哈哈！」

……呃，不好意思，我總是拚命勸大家打掃，自己的房間卻髒亂得不得了。這已經不是「醫者不養生」，而是「醫者愛偷懶」了。

我暗自反省了一下，決定像小時候祖父教我的「先自隗始」那樣，先從自己身體力行、開始實踐。

俗話說：「千里之行，始於足下。」——全部整理乾淨大概沒辦法，但只是維持小地方的整潔還是沒問題的，就這樣做吧。

首先是玄關，我要求自己不要亂丟鞋子。只是這樣而已，但一早起床看見玄關，就有種清爽宜人的感受；只是看見「空無一物的舒適空間」，就覺得連整個屋子裡的空氣都變新鮮了。

對不擅長收拾、打掃的我來說，整理收納實在是艱難的作業，因為這需要高度的「思考力」和「決斷力」，所以當我精疲力竭時，實在無暇顧及。

即使只是清掃一小塊地方、整理一點點物品，
還是稍微提升了我對自己的信賴感——
即使人生並非一帆風順，我還是可以好好撐下去！

不過，還是有一線轉機的——「只要先做一點就好」。

就算只是清掃一小塊地方、整理一點點物品，實際去做了以後，原本雜亂的住處也會因此有所改變。

其實，我剛才就是這樣心血來潮，趁勢把皮鞋擦乾淨了。儘管只做了這麼一些些，還是稍微提升了我對自己的信賴感。

那就是——即使人生並非一帆風順，雖然生活困難重重，我還是可以好好撐下去。

7

# 胸腔內科也推薦的「哼歌」保健法

——享受音樂之餘，還能調整呼吸、穩定心緒

音樂真的很美好啊，寂寞時總能撫慰心靈，成為穩實的依靠。它會自然地經由耳朵傳遞至心靈，是「以聽覺服用的抗憂鬱藥物」。

許多精神科的住院患者都喜歡在獨自一人時聆聽音樂，我想就是因為那些貼近心境的音樂，能為他們帶來療癒吧！音樂的力量，讓很多患者都想努力減少藥量、順利復原。

說到「聽的良藥」，我最喜歡的是爵士樂。其實，這是我在地區醫療研修時期，從當時的指導老師身上學來的。

這位老師是我的故鄉、也是震災地福島縣某間醫院的院長，在我們一起夜間出診的路上，他總會滔滔不絕地述說爵士樂的魅力。

「每個月，我都會花單程四小時的時間，到東京的爵士咖啡廳聽一次現場演奏。說到現場演奏，還是爵士樂最精彩，因為爵士樂是活的啊！所有人都能感受到那股鮮活的生命力！」

我被這番話深深打動，往後只要疲憊或鬱悶時，我就會聆聽爵士樂。人對音樂的愛好非常明確，因此完全沒有必要聽自己不喜歡的曲子，只要「享受自己喜歡的音樂」就好。

不過，要是沒電源、沒手機、也沒精神時，就換「這一招」登場了——完全免費、無需工具，只要心血來潮，隨時都能開始的「哼歌」。

你可能會以為：「就這樣？」那就太瞧不起人了，哼歌可是具有許多神奇的功效喔。

哼歌時都是閉著嘴，所以一定是用鼻子呼吸，對吧？大家可能會覺得這是廢話，不過，習慣用嘴巴而不是鼻子呼吸的人，其實比預料中還多，特別是容易打呼的人更要注意。

**「口呼吸」會對身體帶來各種負面影響，口腔乾燥也是導致蛀牙、牙周病及口臭的原因之一。此外，吸入空氣時沒有經過鼻腔加濕及過濾，會造成免疫力低下，增加罹患感冒與過敏的風險。**

就胸腔內科的領域而言，口呼吸要比鼻呼吸更容易阻塞上呼吸道，而被認為是導致睡眠呼吸中止症的可能原因。所以胸腔內科醫師也會建議大家多哼歌，以做為預防的方法。

哼歌時會自然變成腹式呼吸，可以調整呼吸、穩定心緒，同時鍛鍊膨脹肺部的重要肌肉——橫膈膜，使肺部功能重拾年輕活力。

什麼事都不想做，好無聊……

這種時候，就來「哼哼哼——♪」哼首歌吧！

我最常哼的招牌歌是小學音樂課本教唱的《我是大海之子》，雖然可能沒人聽得出來。

就算音調跑到了天邊，或是哼著哼著中途變成了另一首歌，那又怎樣？反正家裡也只有自己。

可以緩解孤獨，又讓人快樂健康，「哼歌」真是多功能良藥。

8

# 獨酌可別喝過頭了

## ——要喝就得用心喝，享受「幸福的一杯」！

那個，小聲地偷偷問一下……大家最近喝酒的分量是不是增加了呢？一定增加了吧～～說不定還會長嘆一聲：「現在這種世道，不喝酒怎麼撐得下去啊！」

我懂。其實，我自己喝酒的分量也變多了。

人只要行動受到限制，就會想方設法排解壓力，而「酒」就成了便利的選擇。反正是在自己家裡，有酒隨時都能喝，很多人恐怕一個不經意，就養成了每晚小酌一下的習慣。

特別是在獨處時，很容易感到不安，滿腦子想著：「今年大概又沒有獎金了……果然還是要減薪吧？話說回來，我們公司撐得住嗎？是不是該趁早換工作？但又能換到哪裡？以後我到底會怎麼樣呢？」

於是為了逃避現實，「不知不覺就喝光四、五罐啤酒」，網路上經常有人發起這樣的牢騷。

當人體攝入酒精，腦內會分泌大量的幸福荷爾蒙——多巴胺，讓人產生「好爽快啊」的感覺，同時促進胃部血液循環、增加食欲。所以，一個人在家喝酒又怎樣，同樣可以嗨到爆！此外，目前也已得知，適度飲酒可以有效預防心肌梗塞等冠狀動脈疾病。

「什麼嘛！原來喝酒的好處還……」——當然不會全是好事啊！

我想，大家好歹有聽過「飲酒過量有害健康」這句話吧……

既然如此，要喝就得用心喝、認真喝！

一手低度數的發泡酒，不如一罐正宗的經典啤酒；與其囤積一堆檸檬沙瓦，不如存錢買下一瓶夢幻香檳。為自己準備比平時更奢華的酒單，盡情體會更上品的享受。

果然昂貴的酒更好喝啊……如果能坦率地這麼覺得，那就達到目的了。**雖然好喝，但一想到價格就捨不得牛飲，自然會減少喝的分量，還能吟味真品好物帶來的「滿足感」，具有絕佳的紓壓效果。**

我們常聽人說「幸福的一杯」，但似乎沒人說過「幸福的兩杯」吧！喝得越多並不會越幸福，所有隔天在宿醉中昏沉醒來的人，絕對都深有體會。

在家獨酌時，就以享用「幸福的一杯」為目標吧！兼顧愉悅和健康，一舉兩得。

**不過，「幸福的一杯」大作戰並不適用於酒精依存症患者，或是快要酒精成癮的人。**酒精依存症分成身體成癮與心理成癮，一旦症狀惡化，兩者皆會承受難以想像的痛苦，不只是自己，連家人都會飽受折磨。身為精神科醫師，我見過太多慘痛的例子，所以若有這方面的問題，請一定要禁酒。

雖然有成癮這種可怕的缺點，但只要適量飲用，還是可以愉悅地品享美酒。若能巧妙借用酒的特性，體會到置身天堂般的幸福感，同時自然而然找到「爽快告別昨日，開心迎向明天」的理想飲酒方式，那就太好了。

為了自己，也為了自己珍愛的人，請用心、認真地喝酒吧。

STEP 4

# 換個視角，更新思考

## 抓住值得期待的未來

告別沮喪、負面的自己

每天都好痛苦、好想逃走，
明知不可以這樣，卻又無法振作……
大家是否有過這種艱辛的時刻呢？
暗自苦惱、鬱悶，最後連活著都覺得好累。
接下來，就讓我們從別的角度來看待現狀、重新思考吧，
相信我，一定可以找到出口的。

1

# 延續幸福的魔法咒語——「很好啊！」

## ——萬物皆有兩面，如何看待由自己決定

前陣子，有個女孩跟我說了她的故事。

原本在今年春天，她預定要舉辦期待已久的婚禮，為此她全心全意準備了一年多，卻受疫情影響使得婚禮無限期延後。她整個人因而茫然失落，對一切意興闌珊，就在這時，她的父親跟她說了這句話——

「是嗎？真紀，這樣很好啊～！」

最疼愛的女兒在自己面前傷心大哭，父親居然說「很好啊」，這是怎麼回事？

接著，她父親又笑嘻嘻地說：「這樣我就可以一直期待你的婚禮，繼續做漂亮新娘的父親了！爸爸好高興啊，真是太好了～！」

日本創作歌手松任谷由實有一首歌叫做《第十四天的月亮》，我跟醫院的大前輩去唱KTV時初次聽到，就立刻喜歡上了。歌詞述說著，每當十五日的滿月出現，美好的期待就結束了，所以更喜歡第十四天晚上的月亮。

女孩的故事讓我想起了這首歌，內心深感共鳴。

世人常說：「萬物皆成對，有陰必有陽。」如同硬幣有正反兩面，眼前存在的事物也會因為所處角度不同，有的人看到正面，有的人則看到反面。

換句話說，**只要從不同的方向望去，對於同一件事物也可能看見完全相反的光景。透過各自的解讀，所發生的一切可以是好事，也可以變成壞事。**

這是我從女孩的父親身上學到的啟示。

當她告訴我婚禮和喜宴必須延期時，臉上滿是燦爛的笑容。

「其實我先前來不及瘦身，婚紗穿起來有點緊。不管怎樣，明年我一定要舉行婚禮，到時我絕對要瘦下來，做個最美的新娘！」

我超級不懂女人心，所以也不知道這項瘦身計畫對她來說算是苦差事、或是人生的新目標。不過，那光采耀眼的笑顏讓我明白，她滿心期待、專屬於她的「第十四天的月亮」，還一直存在著。

「很好啊～！」真是美好的一句話。

2

# 為自己的表現貼上一朵「花花」

## ——用「花朵手帳」提升自我肯定感、重建信心

誰都不想去做在「賽之河原」堆石塔這樣的事，真要說起來，也根本做不到。（譯註：在東亞的民間傳說中，冥界的「賽之河原」是比雙親早亡的子女受苦的場所。為完成對父母的供養，子女必須在此堆積石塔，但過程中會有惡鬼一再破壞，永遠無法完工，因此「賽之河原」也有「徒勞無功、努力卻無所回報」之意。）

日夜不懈地堆砌著小石頭，石塔卻永無完成之日；即便如此仍然努力堅持，祈望達成夙願，卻總在即將成功的前一刻被惡鬼搗毀——要是被困在這樣的無間地獄，恐怕不崩潰也難。

只要是人，想必都不希望自己所做的事「徒勞無功」，期待得到相應的結果，並因而自我滿足。如果不能實際而持續地獲得微小的成就感，動力就會急遽流失——特別是像我這種軟弱的傢伙。

換個話題吧，從前大家在讀幼兒園或托兒所的時候，有沒有收過老師給的「獎勵貼紙」呢？

我非常喜歡「獎勵貼紙」，因為家裡通常不會買貼紙給我，所以每當我把它貼在自己的小本子上，總是超級開心。

或許是忘不了兒時的這種感動，即使到了長大成人後的現在，我還是十分熱愛「獎勵貼紙」。當然，我已經不好意思再貼那種讓我激動亢奮的花俏貼紙了，而是轉做其他類似的事來取代。

我現在不貼貼紙，改畫「花朵」。只要完成「今日待辦事項」中的任何一項，我就會畫一個大大的「花朵」表揚自己，代替一般表示完結的打勾。

我們的日常生活經常圍繞著「回家順便買牙膏」、「換掉燒壞的燈泡」等各種瑣事，所以很多人會利用手機的提醒功能管理這些例行事務，我也是如此，確實很方便。

不過，我還是無法放棄早被視為老古董的「花朵手帳」。完成工作報告並提交，畫一朵花花；去乾洗店拿回衣服，畫一朵花花。我的手帳裡全是大朵、大朵的花花，一天比一天多。自我滿足的感覺真好，我很高興，真的好高興！

不只如此，我還在手機的日記App裡使勁地稱讚自己。

「好棒，你今天也很棒！你沒有賴床，還趕上了一天只有一班的免費接駁車。」

「今天做了值得稱讚的事！你面帶笑容地跟護理師說：『那件事我待會兒就盡快處理』。」

完成工作報告，畫一朵花花；拿回乾洗的衣服，畫一朵花花。

記錄每天的努力、適時給自己稱讚，

你會發現，身上到處都有值得貼上花花的地方！

我把這些瑣碎的小事都寫進了日記App。嗯？為什麼不像花花那樣用手寫？當然是因為寫這麼多字很累啊……

每次只要感到消沉、失去動力，我就會打開花花手帳和日記App，看看這些記錄，進而重獲信心——

「什麼嘛，原來我還是挺厲害的！」繼續不客氣地稱讚自己。

**就算是小事也沒關係，反正別人也沒幹出什麼大事，所以放心。**

**一定要記得，稱讚自己才是最重要的大事，因為沒人會稱讚你。**

如果連這樣都嫌麻煩的人，不妨以一週為單位進行回顧，只要獎勵自己幾朵小花，自我肯定感一定會有所提升。

在今天結束之際，試著給自己貼上漂亮的花花吧！

你一定會意外發現，身上到處都有值得貼上花花的地方。

## 3 用「沒辦法啊～」推自己一把

### ——隨遇而安，或許會以意外的形式掙脫困境

有個朋友到夏威夷旅遊，回來後跟我說起了這個故事。

據說在行程中有一次，負責接送的巴士突然不來了，在場的旅客都被這突如其來的狀況弄得不知所措，有人甚至當場暴怒。

眼看現場正瀰漫著緊張的氛圍……這時，當地的導遊大叔突然用不太輪轉的腔調說了一句：「薑也沒辦法啊～！」

見眾人目瞪口呆，導遊大叔憨厚地笑說：「咦？你們不是都說『這樣也沒辦法』嗎？『這樣』就是『薑』，所以這時候就要說薑也沒辦法啊～！」

現場頓時輕鬆起來，大家不禁莞爾一笑，轉變成「算了，這種事難免會有」的緩和狀態。這也算是某種南國的魔法吧——朋友笑著這麼跟我說。

聽完這個故事，讓我想起了我的岳父。

我的岳父說話帶著茨城口音，是個性格豪爽的人，而他的口頭禪就是：「沒法度啊！」每次一聽岳父這麼說，不知為何我就會跟著這麼想，心情也平靜了起來。

我們的確常會對不可能或非現實的事抱持期望，卻只會因此受傷。明知道應該死心，卻怎麼樣都無法放下，於是讓自己傷得更深……

這種時候，如果有人在旁邊淡淡地說一句「沒法度啊」、「一切攏是命啦」，真會有解脫的感覺，彷彿緊繃的肩膀瞬間放鬆，整個人寬心不少。

這種事想破頭也沒用，就不要咬牙硬撐了——就像這樣，在背後輕輕推自己一把吧。

其實，誰不知道世事哪可能盡如人意？尤其是長大成人後，更能體會這個道理。但我們的內心深處仍然充滿抗拒，總覺得「一定有哪裡不對勁！事情不應該是這樣」。

然而，**順勢接受自己的境遇和命運，有時候還是很重要。一旦狠狠撞上了怎麼也過不去的關卡，就要暫時放棄努力，因為越是掙扎，只會像溺水一樣陷得更深。**

對於認真又不服輸、有著拚命三郎性格的人來說，這真的很難做到吧。

不過，帶著「沒法度啊～」的態度隨波逐流，或許能讓自己以意外的形式浮出水面。這種隨遇而安的思考方式，有時候比我們醫生開的處方箋還要有效。

岳父，您最近好嗎？有一陣子沒見了，下次回老家看您時，我會帶上美味的好酒的。

4

# 「三分鐘熱度」讓人經驗豐富

## ——放手挑戰感興趣的事，也是一種積極精神

我很怕麻煩，總是要非常努力，才有辦法完成麻煩的工作。不被逼到牆角，我根本不肯爽快地起身行動，「動力開關」更是遲遲難以打開。可想而知，在我身上也從來沒發生過「一切照計畫進行」這種事。

基本上，我從唸小學時就是這樣。花了三天制定暑假作業完成計畫，結果不到兩天就破功，直到暑假快結束了才在窮著急，靠著敷衍了事終於勉強趕上期限。

明明懶到極點，個性卻很不安分，什麼事我都想參一腳。光是從前，我

就短暫地迷戀過素描漫畫、吉他、將棋、圍棋、慢跑、落語和漫才創作（編註：落語、漫才是日本的傳統表演藝術，前者類似單口相聲，後者則為雙口相聲）……全都是一時興之所至。而每次也都是還沒嘗試，我就認定自己會有所成就，等到實際動手，沒過多久就大受挫折、頓失信心。

「怎麼跟我想的不一樣……」

最後，我只能看著衝動之下添購的各種用具頭痛不已。

總是無法堅持，都以失敗告終……

其實，我一直對這樣的自己感到很自卑。

但是，卻有人這樣跟我說了——

「哇，那小鹿你真是『經驗豐富』耶！」

我嚇了一跳。像我這種三分鐘熱度、老是半途而廢的人，居然有人這麼形容我。原來，我其實是「經驗豐富」嗎？

人生中有太多好玩的事，放手挑戰看看，

即使失敗了，就沮喪一會兒，再輕鬆地提起精神挑戰下一次。

嘗試越多，經驗和樂趣也加倍！

從此以後，我便決定這麼想——

**我把腦海中認定的自己，從「做了各種嘗試都無法堅持的人」，轉變成「做了各種嘗試所以經驗豐富的人」。**

現在想想，像我這種連散步都要猶豫不決的龜毛個性，只因為心血來潮就願意嘗試，已經是很了不起的事了——即使最後只有三分鐘熱度。

所以我想開了，決定放手去挑戰所有自己感興趣的事。

即使失敗了，就沮喪一會兒，再輕鬆地提起精神挑戰下一次。於是，我的人生變得非常快樂，「三分鐘熱度」讓人經驗豐富，完全正確！

# 5 有空反省，不如繼續往前走

## ——良好的關係需要適當的距離感，逃避並不是壞事

朋友在手機那頭碎唸了老半天。

「宅在家裡事情也很多啊！明明記好哪幾天要回收可燃垃圾，結果一起床垃圾車已經走了，都快搞不清楚今天到底是星期幾了。再這樣下去實在不行啊……」

我點頭如搗蒜。因為我也常以一秒之差錯過垃圾車，只能拿著滿是廚餘的垃圾袋，無助地站在原地。

近來的社會情勢，著實讓人手忙腳亂、茫然失措。所有人都面臨相同的

困境，原本預定的開心計畫成了泡影，還增加許多額外的業務，甚至連日常的生活能力也隨之衰退……光是活著這件事，就足以讓人們內心的不安逐漸膨脹、高漲。

最近來醫院看診的患者，雖然不到重度憂鬱的程度，但因為輕度憂鬱和自律神經紊亂導致健康惡化的案例，則是越來越多。

讓人全身不對勁的「自律神經失調」，先前在31頁已經提過，主要症狀有慢性疲勞、倦怠、暈眩、頭痛、心悸、發熱、失眠、便秘或腹瀉、耳鳴、手腳發麻、口乾舌燥、頻尿及殘尿感等；精神上則經常有焦慮、不安、恐慌及情緒低落等現象。一旦對身心狀況有所疑慮，請盡快找熟悉的醫生或家庭醫師就診。

自律神經失調的成因各有不同，但是容易陷入「必須～」、「一定～」

等思考模式，或者經常過度放大失敗、對小事耿耿於懷的人要特別留意。這樣的性格會使交感神經持續活躍，導致身心俱疲。

看到這裡，或許又有人要開始自我否定了，先等一下。

你以為那是反省，但會不會終究只是傷害了自己呢？

**你會不會過度自省，因而讓自己壓力滿載了？**

其實，很多資深精神科醫師都是逃避壓力的高手，或許是因為職業性質的關係，自然而然就學會了這種減壓的技巧……

不要過度受壓力影響，但也不要無視壓力。

良好的關係需要適當的距離感，逃避絕對不是壞事，反而有很多醫生都會告誡自己：「還是逃跑吧！」我也正在努力學習。

覺得自己快要承受不住時，可以模仿一下精神科醫師的絕招，盡量找機會逃跑喔。

與其對已經發生的事過度自省、耿耿於懷，
不如繼續往前走，主動推開機會的門，
或許，還有另一個寬廣的未來等著迎接你！

比方說，拒絕自己不感興趣的zoom線上飲酒會。
遠離會傷害你的人。
放下已經過去的事。
比起沒人喜歡的「自我反省」，不如優先去做些讓自己由衷開心的事。
**如果實在對「逃跑」這兩個字感到抗拒，那就這樣想吧！**
**「好了，該走囉～～往前走吧！」**
今天沒丟成垃圾，下次再丟就好，反正也不會永遠丟不成。
明天一定會是個好日子，今天就早點睡吧！

6

# 說「好麻煩！」其實很正面？

## ——趁這個機會，拒絕掉所有不想做的事

有一個媽媽來找我諮商，「我們家那個讀國中的兒子，竟然抱怨起『人幹嘛要呼吸啊！真的好麻煩』，這可怎麼辦啊。」

媽媽，不用擔心，那個大概就是俗稱的「中二病」啦！

在自我意識高漲的青春期，青少年常會發出一些裝模作樣的言論，例如「哼，愚蠢的人類！」或是「你承受得起激怒我的下場嗎？」，不需要大驚小怪。

所以，我的建議是這樣的——

「反正等時間到了，這毛病就會自然痊癒，媽媽只要溫暖地在身邊守護他就行了。」

……不過，這個流行病就算長大成人後還是時而可見。好啦，我就是其中一個患者。

「吼～～！真是夠了，好麻煩啊——！」

有時候，真的就是連呼吸都覺得麻煩。

人類是很不可思議的生物，忙碌的時候嫌太忙，閒暇的時候又嫌太閒。有時是單純發牢騷，有時則只是要向周遭發出「有沒有什麼好玩的事？」這樣的訊息。說「好麻煩」也是和他人溝通的一種形式，抱怨「沒時間睡覺」藉以自我標榜也是一樣。

如果只是對自己的事「嫌麻煩」，那完全無妨。更頭痛的是周遭冒出了那種喜歡牽連別人的傢伙，因而被拖累所增添的「麻煩」。

像是要求別人「按讚」、「強邀」別人參加活動的「朋友」，真的會讓人瞬間失去耐性、精疲力盡。

一個人的時候覺得寂寞，待在人群中又想要獨處，這就是人性的矛盾。如果都已經是大人了，還被「愛討拍的自私鬼」騷擾得不勝其煩，那就乾脆一不做二不休吧！

趁這個機會，拒絕掉所有自己不想做的事。明明根本沒多熟，幹嘛幫他按讚？把內心清空，是輕鬆走向未來的第一步。

或許，現在這個被迫獨處的時候就是最好的轉機。

**如果你正受到某些來源不明、對錯未定的常識所束縛；**

**如果你正被某種意識形態、僵化教條所綑綁；**

**如果你正在懷疑自己的人生就要這樣過嗎？……**

**「好麻煩啊！」就是一句能幫助你突破現狀的正面話語，讓你開始採取行動、根絕問題，探索新的方向和意義。**

重新檢視自我生存之道的時刻到來了。

相信在不久的將來，我們的人生就會再次啟動。

7

# 被說是蝸牛也沒關係

## ——只要沒給人添麻煩，就照著自己的步調走吧

我有個暱稱叫做「蝸牛先生」。

這是我太太取的，說實在真是取得很妙。只是簡單出門散個步，我都要在背包裡塞一堆東西，看起來就像背著殼的蝸牛。

「進到店裡如果覺得冷怎麼辦？長袖外套一定要帶。面紙和手帕也不能忘了。還有水壺，口渴就能隨時喝水。對了，還要帶本書，這樣就不怕無聊了。還有筆和紙，筆就帶這種和那種……」

結果要出門時，行頭總是裝了一大包，不管去哪裡我都這樣，於是便成

了「蝸牛先生」。

說實話，真的很累。人生總是焦慮不安，真的累到不行。

就連不需要煩惱的事，我都會想很多；因為總是背負著不必要的負擔，只是去附近的咖啡館都會讓我身心俱疲。

對我來說，這已經是司空見慣的事。

為了改善這個問題，我開始進行「認知行為治療」，藉由「行為」修正自己的「認知扭曲」。簡單來說，就是釐清問題所在，再試著去解決可能改變的事。例如，我的問題是去一趟咖啡館都得大包小包，所以首先要試著減少行李。

剛開始的階段，我是拿著擠好牙膏的牙刷，直接出門在住家附近繞一圈。我在79頁提過，「出去散步」的想法對我來說就是一種壓力，所以我刻意採用這個方式，訓練自己能更隨意地外出。

想不到這真的有效。雖然鄰里間可能會出現「有奇怪的男人半夜邊刷牙邊散步」的傳言，但我還是慶幸自己這麼做了。因為在一次次嘗試之後，現在就算空手出門，我也不會再那麼焦慮了。

可以的話，我希望自己從此轉念——「啊，原來可以活得這麼輕鬆」、「原來不必想得那麼複雜」，這是最理想的狀態了。

然而本性難移，我天生就多思多慮，如果不定期這麼訓練，一不小心又會回到「蝸牛狀態」，半點都不能鬆懈。

但是啊，後來我想通了。

蝸牛確實既笨重又辛苦，卻很令人安心。這樣的安心感來自於不管去哪兒，都做好了萬全準備。

既然如此，我想，那就做個蝸牛又何妨呢？

蝸牛確實既笨重又辛苦，卻很令人安心，
這樣的安心感來自於不管去哪兒，都做好了萬全準備。
既然如此，那就做個蝸牛又何妨呢？

**只求輕易快速有效率，不見得最好，有道是欲速則不達。**

反正我也沒有給別人添麻煩，就照著自己的步調往前走吧！

「小蝸牛，一步步，慢慢登上富士山。」

日本詩人小林一茶的俳句也是這麼說的。

**放過自己之後，我終於覺得輕鬆了許多。**

# 8 最遠只需要擔心「後天的天氣」

## ——放下過去和未來，以現在的自己為優先

大家聽過「高敏感族群」（highly sensitive person, HSP）這個說法嗎？直譯過來的話，高敏感族群就是「感受極為纖細、敏銳的人」，意指過於在乎他人想法，而對周遭的反應十分敏感、容易受傷的人。

由於日常生活中總在察言觀色，於是始終壓抑著自己，只要和人相處就會疲憊不堪，對天氣冷暖、身上穿著的衣物觸感也十分敏感。

「高敏感」並不是疾病，而是一種人格特質（temperament）。高敏感族群能深刻感受到他人的情緒，所以大多是體貼、溫柔的人，然而，這往往也讓

他們感覺「活得很辛苦」。

現今社會更「推崇」積極、樂觀的性格，不符合主流特質的人，就很難受到大眾的肯定，也因此，高敏感族群更容易覺得自己像是「被世間遺棄」了。沒辦法跟周遭的人們一樣開朗率真，所以覺得自己很糟糕；希望自己的存在獲得認同，卻總是碰壁，便認定都是「自己不好」……

比方說小時候，為了讓自己顯得更有用處，他們可能曾經努力要把味噌湯端到餐桌上，卻在中途就被母親斥責：「不要灑出來了！」明明還沒灑出來，卻像是已經搞砸了那樣挨罵；一不小心真的灑出來，還會被罵得更慘：「你看！我不是早說了！」直接被歸類為「沒用」的傢伙。

長久在這種環境下成長，對自己的看法就會從「都是我不好」，漸漸轉變為「反正我做什麼都不會成功」、「我被罵是應該的」、「我不可能得到長久的幸福」，對一切總有著滿滿的顧慮和臆測。

悲哀的是，我們無法改變過去。
而且，也沒人知道未來會如何。
所以，**不要再煩惱根本無法預知的未來了**。
**「以自己為優先有什麼不對！」——就用這樣的強烈氣勢來支持自己、幫助自己吧**。
最遠只需要擔心到「後天的天氣」。
至於更遠的憂慮或煩惱，就把它拋向看不見的遙遠天邊吧！

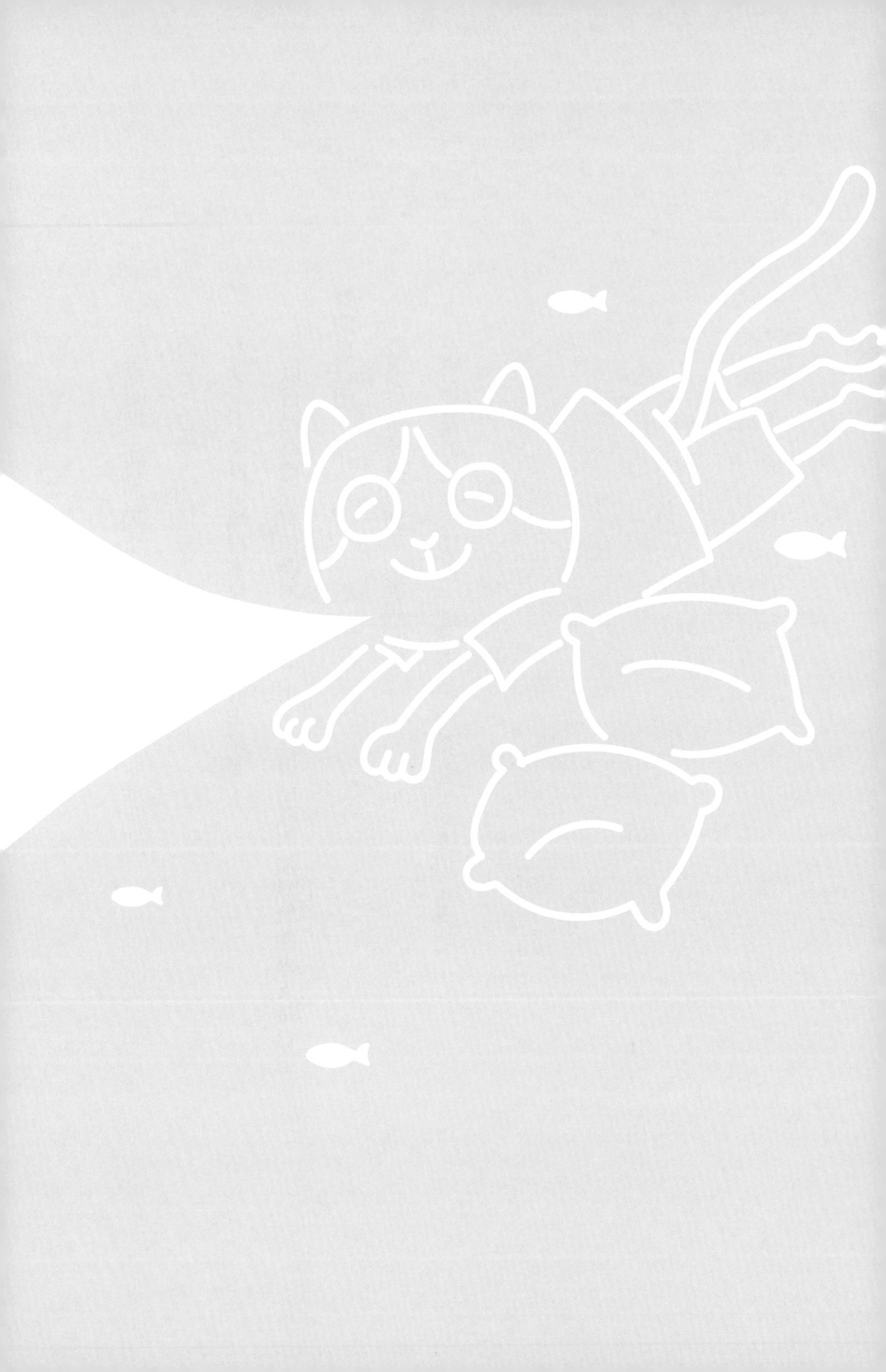

STEP 5

# 雖然一個人，卻不孤獨

## 小小的成就，大大的滿足

像貓咪一樣「自得其樂」地生活

從來沒想過，必須獨自生活這麼長的時間，
但也拜此所賜，才更加切身地感受到，
有人在身邊笑臉相望的閒話家常，是多麼美好可貴。
還有，你是否曾經因為害怕孤獨，
就隨意把自己「奉送」出去了呢……
終於到了最後的步驟，
讓我們來探索無論是不是一個人，都能愉快樂活的方法吧！

# 1 人不需要一百個朋友

## ——不跟大家一起跳長繩，生活也照樣過得去

交朋友，真的好難啊！

首先，必須要自我介紹。這樣一來，在跟對方說明「我是誰？」、「我現在在做什麼？」、「我是什麼樣的人？」之前，就得先面對自己，這個過程可一點都不好受。

我很不擅長自我介紹。因為我知道從鏡子裡映照出來的自己，就是一副可憐的魯蛇樣。

對於原本就自信滿滿的人來說，這完全不是問題，反而是積極表現自我

的機會。然而，這種人並沒有那麼多，反倒是缺乏各種自信、暗藏難以言說的秘密，不能也不想客觀看待自己的人才是多數吧。

甚至在我看來，世上絕大部分的人其實都帶著內心的傷痕。強迫這樣的人「自我介紹」，等於是在摳挖他們還未癒合的傷口。以我為例，我就很難自在地和素不相識的陌生人主動交流、開啟話題。

還有，我也很怕擔任活動和工作的召集人或負責人。一旦發出邀約，我就有當天非出席不可的壓力；確認誰不參加、到處收取費用，也讓我覺得很有負擔，要是結帳時金額不足該怎麼辦……光是想到這些枝枝節節，就讓我立刻想打退堂鼓。

原本我就不是長袖善舞的個性，而是更適合一對一、或是和少數人建立深層的關係。尤其在學生時代，我只顧著思考「自己是誰」，完全不懂得如何展現自己、跟其他人往來。等到上了大學，我更是推卻了所有同學們的聚會、玩樂邀約，過著極端的生活。

《如果上了小學一年級》這首兒歌裡，有一句歌詞是「不知道能不能交到一百個好朋友？」，我絕對做不到。當然，想這麼做的人可以盡量去拓展交友圈，但比起這種方式，我更希望與真心相交、值得珍惜的友人，細細吟味相互間美好的關係。

「交一百個朋友，與大家共享不是更快樂嗎？一起加油吧！」現今的社會風氣幾乎是半強迫地要求人們必須具有協調性，而這樣的後果是，做不到的人就會被冠以「不會讀空氣」等等的罪名，輕易地遭到捨棄。

人類這種生物，時刻都在探尋能安心自處的棲身之地。因為害怕孤獨，所以很多人會設法擠進大家都在參與的「跳長繩」活動，一起在相同的地方做相同的事。

如果連一個朋友都沒有，還是會寂寞，

不過，不需要有一百個。

與真心相交的夥伴建立一對一的深層交流，也是美好的關係。

當然，這樣或許也很快樂。

但是，**因為緊張、害怕而不敢一起跳，或是擠不進隊伍的人還有很多，**
**我就是其中一個。**

**我覺得這也沒什麼不好，沒必要逼自己一定得加入。**

我只是在旁邊看著說：「哇，那邊有人在跳長繩耶。」

即使如此，船到橋頭自然直，生活也照樣過得去的。

我想要朋友，如果連一個都沒有，還是會寂寞。

不過，不需要有一百個。

2

# 顧慮那麼多，對誰有好處？

## ——想拉近距離，就先鼓起勇氣展現自己吧

人確實不需要一百個朋友。不過，是否在某些瞬間，還是會萌生「不管誰都好，好想有人可以說說話」的渴望呢？

每當這種時候，我一定會立刻看向手機。即使它安靜得跟死掉沒兩樣，我還是會看著它。

「這不是很正常嘛？誰叫你從來不跟別人聯絡。」

到頭來我也只能這樣自嘲……

在這樣的夜晚，我都會陷入「一個人好寂寞↓好想跟誰說說話↓但是

特意聯絡別人好麻煩→一個人好寂寞」的無限循環。

我不是沒朋友，也有可以輕鬆聊天的同事，但不知道為什麼，我總是跨不出主動聯絡的那一步。我本來以為只有自己是如此，直到最近才知道，很多人其實也一樣，特別是和我同世代的人。

或許是因為我們和朋友多半都是透過社群媒體聯繫，在這當中又會向所屬的各個群體，分別「展示」自己某一部分的面向，才會有這種狀況吧。只提取有限的一部分自我，巧妙地在社群媒體上與他人交流。我們都習慣了「只給別人看自己想展現的部分」，對於將真實或原本的自己暴露在他人面前，感到非常恐懼。因為不想被認為是「不會讀空氣的人」，打電話聯絡之前，甚至還要先用Line確認：「現在可以打電話嗎？」……

這樣一來，**光是考慮對方的狀況便讓人心累，就更不容易主動聯絡了。**

**結果越是個性認真、對他人情緒感受敏銳的人，越會選擇默默忍耐，讓自己**

**被孤獨淹沒**。

不過，有一天我突然這麼想——「真的有必要顧慮那麼多嗎？」然後，我直接給當時在腦海中蹦出來的那個朋友打了電話。

結果他驚喜地跟我說：「我也正想聯絡你耶！」

到頭來，那些顧慮和操心，遠比我們自以為的更沒有必要。我問了朋友的看法，他爽快地回答：「如果剛好不方便，之後再打就好啦！沒什麼好在意的。」

真想拉近和對方的距離，就不要瞻前顧後想太多，先鼓起勇氣，大方地說聲「嗨！」，坦然展現自己吧！

如果一整天沒跟人說話，也可以自得其樂，當然是最棒的事。只不過，「現實」還是很美好，其中必定有著社群媒體無法滿足的興奮期待和新鮮冒險，等著你去經歷、發掘。

3

# 上廁所時，順便打掃五秒

## ——沖掉的不只是髒污，還有想捨棄又捨棄不了的東西……

任誰都會對失敗或糟糕的記憶耿耿於懷，一直要到很久、很久以後，才能釋然地告訴自己：「說起來，這也算是不錯的經驗啊。」

畢竟，如果可以那麼輕鬆地放下一切，就不需要我們精神科醫師了。

即使不是刻骨銘心的記憶，日常生活中也可能突然被一些雞毛蒜皮的小事「戳」到，卡在心裡就是過不去。比方說，只是在超市等著結帳時被插隊了，就會想著「吼——幹什麼啦！」，委屈又懊惱地超想要脾氣，至少我就常會這樣。

不是什麼大事，其實也沒什麼，可是、可是……其實還是有什麼的。就是因為有什麼，才會耿耿於懷。

有位女性患者深受失戀的情傷所苦，她一直忘不掉前男友，所以把兩人之間的紀念品全留了下來，後來竟然演變成囤積症，對身邊所有的東西都無法捨棄。

她的住處原本很寬敞，卻因為東西越堆越多，逐漸壓縮了生活空間，到最後只能一整天都待在床上活動。

「好煩啊——真的快受不了了～！可是，我到底該怎麼辦啊！」

她向護理師吐苦水，結果護理師建議她：

「不然這樣吧，你要不要試著每天花五秒鐘擦一下廁所？隨便擦哪裡都好。」反正廁所也只有自己在用，愛怎麼處置都行。

結果怎麼樣了呢？

原本她只能做到花五秒擦一下座墊，再按水把馬桶沖乾淨，接著慢慢地可以再花五秒擦拭其他地方，到最後終於能捨棄自己不需要的東西了。

**「我也不知道為什麼，但每次沖水的時候，好像有很多東西也跟著一起沖掉了。」**

這位患者後來這麼說道。

只有短短的五秒。

但是，那五秒沖掉的一定不只是馬桶的髒污，還有某些肉眼看不見的，一直掛在她心上糾結著，「想要捨棄卻又捨棄不了」的東西。

某些我的診療和藥物都處理不掉的東西。

效果優異的藥物和治療方法比比皆是，但我從這個患者的故事學到了，這世上還是有很多比醫療更「有效一點」的解方。

「花五秒打掃廁所」，這個方法請務必試試。

4

# 掌握主導權，守護完整的自己

## ——迷失方向時，記得先找回「喜歡」的心情

今天中午，我花了很長的時間煩惱：「烏龍麵還是蕎麥麵，這是個值得考慮的問題。」

那個很有名的莎士比亞也說過：「人生就是一連串的選擇。」

趁著看診的短暫空檔，我連忙衝進了中午時分的超商。當我還在苦惱之際，一位西裝筆挺的男士從後方越過我，快速地拿起中華涼麵，就直接離開去付帳，全程只花了兩秒。

我望著他充滿自信和決斷力的背影，莫名地把手伸向剛才還完全不想吃

的中華涼麵，也跟著去付帳了——我明明就還在為該選烏龍麵還是蕎麥麵苦惱不已啊，怎麼變成這樣了。

只是一頓午飯，想吃什麼就吃什麼啊！這麼簡單的事。

不過有時候，或許就是這樣才下不了決心啊。

回頭想想，諸如此類的狀況似乎常會在這樣的時刻發生——有點迷失了人生方向，每天與其說是按照自己的意念行動，更像是順著惰性得過且過。所以一旦見到堅定果斷的人，便會覺得對方看來人生順遂而耀眼無比。

那位在超商裡俐落選擇中華涼麵的西裝男士，在我眼中就是如此。

或許，我也只是無意識地跟隨了幸運者的選擇——因為我根本不知道自己想要什麼。

我今年初嚐的中華涼麵，結果只是受他人行動驅使而生成的產物。

當我們被迫在人生的各種處境中做出決定，大家是否也會疑惑，那到底是自己真正的心意，抑或是對他人察言觀色、推敲忖度後才做出的抉擇呢？

我們常聽到有人會說「做你自己就好」、「原來的你就很好」，這時可要特別留意了。我過去就曾經把這些話當真，結果讓「原本的自己」給現實狠狠教訓了一頓，導致現在養成了「先觀望一下再說」的毛病。

然而，一旦養成這種習性，就會不知道自己真正想做什麼，又想過著什麼樣的人生。實際上，當這種感受越發強烈，很可能連活著都覺得是一種痛苦。

雖然決斷力經常軟趴趴的我說這種話沒什麼說服力，但每當這個時候，我就會努力去捕捉自己迷失方向的徵兆。

這其實也代表著，此刻我正處在壓力爆表的狀態。

那要怎麼做，才能脫離這樣的狀態呢？做為精神科醫師，同時也是一個人，我再次反思，覺得還是應該「誠實地面對自己」。

越是這種時候，越要保留一段可以讓自己忘卻現實的時間，即使只有短短一刻。對我來說，這就是去照顧獨角仙的時間，除此之外，只要不是酒精或賭博這類會導致上癮、讓狀況雪上加霜的事物，做什麼都可以，打電玩或是閱讀都行。

只要能讓自己重新回想起這樣的感覺就好——

「啊，我果然是喜歡這個的。」

**當自己因為過度思考而陷入閉鎖的困境，就把一切清空、重新啟動。只要能回想起「這麼做很快樂的自己」，明天的午飯就一定不會再拿起「別人選擇的中華涼麵」去結帳。**

我就是藉由這樣的方式，確實找回了完整的自己。

我決定今晚不念書了，要來盡情吸一下我家的「小仙」。

「我果然還是喜歡獨角仙啊。」
越是迷失方向的時候，越要保留一段忘卻現實的時間，
投入真正喜歡的事物，重新確認自己「想要什麼」。

# 5 居家上班的「心靈保健飲品」

## ——只是簡短的交流，也能為生活帶來人情的溫度

在精神科住院時，有一項「職能治療」（編註：occupational therapy，藉由「有目的性的活動」來治療或協助生理、心理或發展功能有障礙的患者，使其恢復日常生活的能力和獨立性。）的療程，最近在患者間很受歡迎的活動是做串珠飾品。

「醫生你看！是不是很漂亮？」

「真的耶，好美喔！」

透過這種不經意的日常對話，連我彷彿都從患者那裡獲得了元氣，因而振奮心情。

大家的身邊，有沒有那種不算是知心好友、也不如家人親近，但可以無需客套地閒聊幾句的人呢？例如公司的同事、經常往來的業務員、相熟的餐館老闆娘……等等。

偶爾碰到就笑著聊個兩句，話題從天氣、熱門的影片到自己的興趣，這樣的日子卻突然因為疫情警戒和居家上班而完全改變了。

身為醫師，即使是疫情期間我也要每天到醫院看診，但我不以為苦，反倒是「不用出勤」、「不必看診」才更讓我難受。

實際上，因為獨自居家上班而沒有人可以說話，導致身心崩壞前來精神科就診的人，近來增加了許多。

就算只是碰面打個招呼，能夠直接和他人對話、面對面交流，對我們來說，或許就如同生活中所需的保健飲品。雖然比不上麵包或白飯等主食，但在身心狀態有些不對勁時，飲用一下確實會更有元氣。

能直接面對面與人對話、交流，

對孤獨的心靈來說，就像是補充元氣的保健飲品，

一起來創造更多這樣的「溫暖瞬間」吧！

可惜的是，盡量避免與人接觸的這種趨勢今後可能會越見普遍，居家上班也會變成未來的固定模式。**身處在這樣的時代，要不要試著更珍惜與他人相遇、會面的美妙與可貴呢？**

**比方說，除了只對運送宅急便或外賣食物的外送員說聲「謝謝」，還可以多加一句「辛苦了」**。近來頗為風行的「放在門口」配送服務，雖然因為不用碰面而更輕鬆方便，但情況若允許，可以選擇親自取貨，當面向對方道謝。即便只是簡短的交流，也能為生活帶來一點人情的溫度。

前幾天，我遇到了這樣的事。

在我搭乘的院內電梯裡，一位要去做檢查的婆婆和陪著她的護理師走了進來。到了要去的樓層時，我按著開門鍵讓她們先走，沒想到婆婆竟然對我說了一句——

「謝謝你喔，醫生爺爺。」

……醫生……爺爺!?……!?

在電梯裡響起的滿滿笑聲中，我也笑著應答：「不客氣。」

說不定，日常生活中到處都有這樣的「溫暖瞬間」。

6

# 「謝謝」比「不好意思」更有用

## ——這兩個字有著巨大的能量，會給予大腦正面影響

提到「謝謝」這句話，不曉得是當面說會難為情，或是覺得說太多反而降低誠意，相較之下，很多人在日常生活中似乎更習慣說「不好意思」，而不是「謝謝」。

不過，能自然地說出「多虧您的幫忙」或「謝謝」的患者，病況其實恢復得更快。

「醫生，最近我的睡眠狀況好多了，真是謝謝你！」

「多虧醫生的幫忙，我現在不會像以前那樣焦慮和心悸了，您開給我的

藥看來很有效呢。」

很多時候，當患者能像這樣以言語表達感謝，治療的進展也會更順利。

由於新冠疫情肆虐，導致生活脫離正軌，**美國心理學會（APA）在官網提出了「用以管理壓力、保持正向的心理策略」，其中一項建議就是每天寫「感恩日記」**。

就算只有短短一行也沒關係，例如「居家上班讓我有機會睡了一個舒服的午覺，感恩！」，寫什麼都無妨。

**接受無法改變的現狀，試著找到讓自己由衷開心的事，就算只有一點點也好**。「謝謝」這兩個字有著巨大的能量，能給予大腦正面的影響。

……別看我一副頭頭是道的樣子，其實我連對最重要的家人都沒有好好說過「謝謝」，真是慚愧。

女兒剛出生的那幾個月，還跟我住在一起的妻子某天晚餐做了咖哩烏龍麵。雖然麵條軟爛到都快像麵糊了，實在很難說好吃，但已經累壞了的我，還是默默地吃下肚。

然而，這時妻子卻在旁邊喋喋不休地嘮叨著，照顧日夜哭泣的女兒有多累人、今天一整天她有多辛苦，我越聽越不耐煩，最後忍不住吼了她。

「烏龍麵煮得那麼難吃！你還好意思說自己今天多辛苦？

「我在外面工作也很累耶！回到家連一聲『辛苦了』都沒聽到，誰受得了你這個白痴！」

接下來的場面當然是完全失控，妻子嚎啕大哭，連女兒都跟著哭鬧。現在每每回想起來，我都覺得對她愧疚萬分。

那碗烏龍麵，是為了育兒身心俱疲的妻子在百忙中特地幫我準備的。每當我疲累時，都是她的包容拯救了我，我卻這樣對待她……

如今妻子和女兒回了老家，只剩我獨守空屋，更是讓我不時想起那晚的事，而深感懊悔。

下次見到她，我一定會把至今未曾啟齒的「謝謝」好好說出來。

絕對、絕對，會說出來。

# 7

# 聖賢說：「生死不過是錯覺」

## ——你和我是戰友，都抱持著相同的煩惱

現代人面臨眾多壓力的侵逼，可能在不知不覺中早已接收許多不安，無論內外都累積了各種不必要的負擔，卻一無所悉。

我們醫院有許多「瀕臨崩潰邊緣」的患者，甚至連我自己都有點這樣的傾向。每個人的內心都在吶喊著想拋棄一切、想變得自由、想暢快自在，我暗自想像著，這會不會跟近年來風靡的斷捨離或禪修有關呢……

只是，大掃除或坐禪都太累人了，為了能輕易地清掃內心，我們醫院採用的方式是從事休閒活動，例如學習書道或練硬筆書法等。

某個患者告訴我，他「最喜歡抄寫經書」。

那是一部只有短短二百六十二字的佛教經典《般若心經》，「意思是指『生死輪迴皆是虛幻』。」他這麼跟我說。

「一切的存在和虛空在本質上並無不同，甚至意識也僅存於一瞬間。瞬息萬變，盡是虛幻。故而，萬物皆不存在。」

聽起來十分高深，我則是理解為——「所有的一切都是錯覺」。如果能因此產生「既然都是錯覺，再怎麼煩惱也無濟於事」的領悟，那就太好了。

此外，抄寫經書的最大效用就是「能夠保持專注」。

認真、仔細地一筆筆寫下「菩薩」、「色即是空」、「涅槃」等尋常生活中永遠不會用到的艱澀文字，能讓大腦分泌出 β- 腦內啡這種快樂物質，進而沉浸在深層的放鬆狀態。

興致一來，還可以模仿得道高僧細細研墨、用毛筆抄寫，聽說墨香也有絕佳的療癒效果。**正襟危坐地抄寫經書，呼吸會變得深長，自律神經也得以重整，寫字的動作還能透過手指末梢刺激大腦，進而鍛鍊腦力。**

如果有人覺得「認真抄寫整本經書，門檻有點高啊……」，換成更簡易的版本也行。只要在網上搜尋「般若心經」，就能找到各種字帖、範例，心血來潮時，不妨當成畫畫一樣寫幾個字試試吧！

或許有一天，我們能稍稍接近古代聖賢所說的「心無罣礙，無罣礙故，無有恐怖」的境界。

經書上說，每個人都一樣，都抱持著相同的煩惱。

所以，我和你同是戰友。

雖然一個人，但絕不孤獨。

結語

# 帶著對自己的善意過日子

某天，一位女性找我傾訴煩惱。

「好幾天沒跟人說話的時候，會覺得不管誰都好，只想跟人說說話、一起相處；一旦有機會跟人說話了，卻又想一個人獨處、遠離人群；然後沒過多久，又想跟別人嘻笑打鬧……

是不是因為這樣，我的人際關係才總是不太順利啊！」

這其實不是什麼特別的煩惱，每個人或多或少都有這樣的想法。

「喜歡一個人，卻又討厭孤獨」，所有人類都具備這兩種完全相反的感受，它們就像生理節律（biorhythm）的曲線般起伏不定。

有時很想念他人的陪伴，有時又熱愛獨處，無論哪一種狀態，都是屬於自己的寶貴時間。

在這本書中，藉由循序漸進的五個步驟，為大家介紹了如何在「想有人陪」與「渴望獨處」這兩種需求之間平衡調適、快樂自得的方法。

如果大家能從中找到「這樣應該做得到吧」、「這麼想也許會更輕鬆」的啟發或建議，就請隨意地嘗試看看吧！

唯一的重點就是「隨意」，這個方法不行就換下一個，大概就是這樣的感覺。如果覺得身體緊繃、僵硬，就更放開一切地伸展手腳；一旦能用更輕鬆的態度看待事物，肯定會活得比現在更愜意自由。

有個朋友曾經這樣開導正陷入苦惱的我：

「人生只需要走一步算一步、過一天是一天。」

**世上到處都是讓人感到不安困惑、覺得無能為力的事。**

所以，「走一步算一步」就好。

**不用想得太多太複雜，只要往前踏出一步就好，走一步算一步。**

**無論面對何種處境，都要懷抱希望，帶著對自己的肯定、善意過日子。**

我也想要這樣，和大家一起往前走。

本書是我的處女作，由隨筆作家鳥居凜子小姐負責採訪、整理而成。沒有鳥居小姐敏銳的建議和紮實的文筆，這本書絕對不可能出版，衷心感謝她的付出。

此外，也很感謝大家讀到最後，希望未來的每一天，大家都能「像貓咪一樣自得其樂地生活」！

Soulmate 14

# 一整天沒跟人說話也OK

## 當「孤獨」快要變成「孤毒」的時候，就來學貓咪自得其樂，給自己送溫暖吧！

作者 —— 鹿目將至
採訪整理 —— 鳥居凜子
譯者 —— 楊詠婷

插畫 —— MiLi Lin
責任編輯 —— 郭玢玢
美術設計 —— 耶麗米工作室

總編輯 —— 郭玢玢
社長 —— 郭重興
發行人兼出版總監 —— 曾大福
出版 —— 仲間出版／遠足文化事業股份有限公司
發行 —— 遠足文化事業股份有限公司
地址 —— 231 新北市新店區民權路 108-3 號 8 樓
電話 ——（02）2218-1417
傳真 ——（02）2218-8057
客服專線 —— 0800-221-029
電子信箱 —— service@bookrep.com.tw
網站 —— www.bookrep.com.tw
劃撥帳號 —— 19504465 遠足文化事業股份有限公司

印製 —— 通南彩印股份有限公司
法律顧問 —— 華洋法律事務所 蘇文生律師

定價 —— 330 元
初版一刷 —— 2022 年 6 月
初版二刷 —— 2022 年 8 月



國家圖書館出版品預行編目（CIP）資料

一整天沒跟人說話也 OK ：當「孤獨」快要變成「孤毒」的時候，就來學貓咪自得其樂，給自己送溫暖吧！
鹿目將至著；鳥居凜子採訪整理；楊詠婷譯／
-- 初版．-- 新北市：仲間出版：遠足文化發行：2022.6
面；　公分．--（Soulmate；14）
譯自：1 日誰とも話さなくても大丈夫 精神科医がやっている 猫みたいに楽に生きる 5 つのステップ
ISBN 978-626-95004-6-8（平裝）
1. 情緒管理 2. 寂寞 3. 生活指導
176.52　　111008024